AF221394

Der nächste Einsatz – Geschichten aus dem Streifenwagen

Roman Osburg

Impressum

Bibliografische Information der Deutschen Nationalbibliothek:
Die Deutsche Nationalbibliothek verzeichnet diese Publikation in der Deutschen Nationalbibliografie; detaillierte bibliografische Daten sind im Internet über http://dnb.dnb.de abrufbar.

© 2020 Roman Osburg

Herstellung und Verlag: BoD – Books on Demand, Norderstedt

ISBN: 978-3-7519-5287-3

Inhalt

Vorwort

Wer sich dazu entschließt, Polizeibeamter zu werden, der erhält Zugang und Einblick in diverse Lebensbereiche, die normalerweise verschlossen blieben. Es ist, als löse er eine Art „Backstage-Ticket" für nahezu alle Situationen. Im Laufe der Zeit war ich in diverse Familiendramen involviert, habe in nahezu jedem Büro von Ladendetektiven gesessen und mit Fachdienststellen Dokumente und Betäubungsmittel überprüft. Die Spanne an Einsätzen ist so unglaublich vielfältig, ich wusste nie, was mich in der nächsten Schicht erwartet. Bereits während der Ausbildung hörte ich viele Geschichten von den Ausbildern, die selbst vieles erlebt haben. Einer der häufigsten Sätze, die ich hierbei hörte, war jedoch „Ich wünschte, ich hätte eine Art Tagebuch im Dienst geführt". Spätestens mit dem erfolgreichen Abschluss begann ich, eigene Einsatzerfahrung zu sammeln, ich erlebte viele Geschichten. Über die Jahre sah ich viele lustige Dinge, viel Frustrierendes und auch entsetzliche Taten, die mich noch lang über die Dauer des Geschehens hinweg betroffen machten. Das vorliegende Buch soll einen Einblick in all diese Bereiche geben, es soll die Vielfalt des Alltags eines Polizisten schildern und die Möglichkeit bieten, sich in bestimmte Situationen hineinzuversetzen, als sei man zum Zeitpunkt des Geschehens dort gewesen. Sämtliche Namen, so sie genannt werden, wurden geändert, die geschilderten Erlebnisse sind jedoch komplett real und aus meiner eigenen Erinnerung niedergeschrieben. Diese Erfahrungen sind meine persönlichen Erlebnisse, Wertungen und Ansichten sind ausschließlich meine eigenen. Sollte jemals der Eindruck entstehen, ich ginge insbesondere mit dem Thema des Ablebens „pietätlos" um, so möchte ich um Verständnis für meine Art zu schreiben bitten. Es ist eine Art, solche Themen verarbeiten zu können, aus meiner Erfahrung weiß ich, dass es z.B. auch Gerichtsmedizinern ähnlich geht. Humor hilft bei der Verarbeitung solcher Situationen.

Oft liest sich Humor auch angenehmer, als die zumeist triste Realität. Dennoch habe ich den größten Respekt vor jedem einzelnen Menschen und dessen Würde. Selbst die Menschen, die mir etwas antuen wollten, haben eine unantastbare Würde, die ich achte.

Ich möchte meiner Frau Jessica danken, die mich immer wieder mit den Worten „pass auf dich auf" in den Dienst schickte und die mich immer unterstützte, egal, was geschah. Ferner danke ich jeder Kollegin und jedem Kollegen, der dieselbe Berufung hat. Das in den Vereinigten Staaten von Amerika so geläufige „thank you for your service" hat es zwar (noch) nicht in den Deutschen Sprachgebrauch geschafft, ist für mich aber ein zentraler Punkt. Danke für Euren Einsatz!

Fall 1: Die erstickende Leonie

Der erste Fall, der mich nachhaltig beschäftigt hat, ist die Geschichte der kleinen Leonie, ein ca. 1-jähriges Baby, welches sich mit seinen Eltern in einer Kreuzberger Markthalle aufhielt. Es war ein sonniger Tag, die Halle war von vielen Menschen durchströmt, die an den diversen Ständen ihre Einkäufe erledigten.

Leonies Eltern bemerkten, dass ihre Tochter plötzlich keine Luft mehr bekam. Die Sekunden, die auf diese Erkenntnis folgen, müssen die schlimmsten sein, die sich Eltern vorstellen können. Oftmals vergeht dieser kurze Moment und das Kind ist wohlauf, doch dieses Mal sollte es anders kommen.

Mein Kollege und ich waren im Funkwagen unterwegs, wurden per Funk angesprochen und erhielten den Einsatz „Erstickender Säugling" in der Markthalle. Tausende Bilder schossen mir durch den Kopf, ich hoffte auf das Beste und erwartete doch irgendwie das Schlimmste. Es schien, als wolle sich mein Körper darauf vorbereiten, was als nächstes passieren würde. Wenn die Leitstelle die Freigabe erteilt, die Sonder- und Wegerechte zu nutzen, also mit Blaulicht und Martinshorn zu fahren, muss der Fahrer des Streifenwagens immer abwägen: „Was steht auf dem Spiel? Wie schnell sollte ich fahren, wie schnell darf ich fahren?"

Diese Abwägungen sind bei jedem Einsatz im Hinterkopf, doch bei einem Einsatzanlass wie diesem, fuhren wir so gut und schnell, wie es geht. Es ging buchstäblich um „Leben und Tod", in diesem Fall sogar um das Leben eines Säuglings. Dennoch kann der Fahrer nicht einfach wie wild durch den dichten Straßenverkehr rasen, es hilft keinem, wenn auf dem Weg zu einem Einsatz ein Unfall entsteht, der ähnlich schlimme Folgen hat, wie der eigentliche Einsatzanlass. Ich habe immer versucht, möglichst schnell am Ort des Geschehens einzutreffen, ich war mir aber auch stets der Tatsache bewusst, dass bei jeder Eilfahrt die körperliche Unversehrtheit und das Leben weiterer Personen auf dem Spiel standen.

Eine Tatsache, die oft infrage gestellt wurde, möchte ich an dieser Stelle klarstellen. Mir ist kein Fall bekannt, in dem ein Kollege Blaulicht und Horn missbräuchlich verwendet hätte. Wenn Sie einen Streifenwagen mit Sondersignalen sehen, machen Sie bitte Platz. Es könnte um das Leben von Leonie oder jemand anderem gehen.

An der Markthalle angekommen machte sich ein erstes Gefühl von Erleichterung in mir breit, da ich erkannte, dass bereits ein Rettungswagen der Feuerwehr angekommen war. Dieses Gefühl von Sicherheit hielt leider nicht lange an. Die Besatzung hatte sich mit den Eltern von Leonie um einen kleinen Stehtisch in der Mitte der Markthalle positioniert. Auf dem Tisch lag die kleine Leonie und ich sah zum ersten Mal in ihre Richtung. Der Anblick war schmerzhaft. Dort lag ein Kind, ein Baby, welches nach Luft rang und die Gesichtszüge sahen aus, als habe das Kind Schluckauf, nur viel schmerzvoller. Stellen Sie sich den Anblick kurz vor, es dürfte schmerzen, insbesondere, wenn Sie bedenken, wie hilflos ein kleines Kind in einer solchen Situation ist.

13

Die Aufgabe der Polizei ist in solchen Fällen klar definiert, ich versuchte, die Szenerie abzusichern, die Umstehenden auf Distanz zu halten. Es war nicht so, als seien bei diesem Einsatz hunderte Gaffer mit Smartphones in der Hand gewesen. Jeder, der im Nahbereich stand, schaute zwar, aber mehr aus einer Art Empathie. Alle, so war es mein Empfinden, fühlten mit den Eltern mit, die mittlerweile weinend dastanden und von einem Rettungssanitäter betreut wurden, auch sie schienen mit dem Schlimmsten zu rechnen. Ich nahm eine Informationstafel aus Kork, die in der Markthalle stand und stellte sie so auf, dass ein geringer Sichtschutz entstand. Ich stand mittlerweile mit dem Rücken zu der Reanimation. Immer wieder sah ich zu Leonie und bereute es irgendwie umgehend, da der Kampf ums Überleben dieses jungen Menschen ein schmerzhafter war. Ich sah wieder nach vorn und konnte eine junge Frau erkennen, die zuerst in Richtung von Leonie schaute und dann mich ansah. Sie versuchte krampfhaft zu lächeln, als wolle sie signalisieren „das wird hoffentlich gut enden". Ich lächelte zurück, ich wollte sie in ihrem Glauben bekräftigen, war aber auf ein tödliches Ende des Geschehens vorbereitet. Ich sah erneut zu dem Baby und die Situation besserte sich nicht. Noch immer

14

versuchte der Notarzt, das Kind am Leben zu halten und ein normales Atmen zu ermöglichen. Hierzu bediente er sich einer Herzdruckmassage, die bei einem Säugling jedoch nicht mit beiden Handflächen erfolgt, sondern eher mit zwei Fingern jeder Hand. Als ich wieder nach vorn sah, erkannte ich wie die Frau, die eben noch in meine Richtung lächelte, zusammensackte. Sie wurde ohnmächtig, vermutlich, weil auch sie sich mittlerweile das schlimmste Ende vorstellen konnte. Ich rannte zu der Frau, zusammen mit einigen Anwesenden verhalfen wir ihr, sich hinzusetzen. Mein Gedanke in diesem Moment war, dass ich Leonie nicht viel helfen konnte und ein anderer Mensch ebenfalls Hilfe benötigte. Es war ein beschissenes Gefühl und ich glaube, alle Anwesenden teilten dieses. Glücklicherweise ging es der Frau schnell besser, sie erholte sich umgehend von dem Schock.

Ich lief zu meiner vorherigen Position zurück und erkannte plötzlich freudige Gesichter um mich herum. Dem Notarzt war es gelungen, Leonie zu helfen. Sie atmete wieder eigenständig und ohne Probleme. Leonie war gerettet und es ging ihr gut. Das Glücksgefühl, welches entstand, können Sie sich sicher vorstellen. Nach und nach löste sich meine innere Anspannung und die Personen gingen ihrer Wege. Bereits nach wenigen Minuten schien Normalität in der Markthalle eingekehrt zu sein. Rettungskräfte und Polizeibeamte dankten einander für ihren großartigen Einsatz und wenige Minuten später fand ich mich im Funkwagen wieder. Allen Beteiligten war nun nur eines wichtig, die Rückkehr zum Polizeiabschnitt, um das Erlebte verarbeiten zu können. Die Leitstelle war sehr verständnisvoll und gab an, mein Partner und ich sollen reinfahren. Gerade, als ich die Bilder erneut Revue passieren lassen wollte, hörte ich den nächsten Funkspruch: „Beide Wagen mit Eile zum Park, Schlägerei zwischen mehreren Personen."

Ich war mental überhaupt nicht bereit, einen neuen Auftrag anzunehmen, schon gar nicht einen solch unnötigen. Ich meine, eben ist beinahe ein Kleinkind verstorben und anderenorts haben Leute nicht Besseres zu tun, als sich zu prügeln. Ich bin ehrlich, mein erster Gedanke war: „Ich hoffe für jeden von euch Idioten, dass ihr weit weg seid, wenn wir eintreffen." Ich wäre nicht mit der üblichen Besonnenheit in die Situation gegangen. Letztlich kam es so, der Park war leer, wir hatten keine Feststellungen zu dem Auftrag und konnten im Anschluss auf den Polizeiabschnitt fahren. Dort konnten wir mit unserem Wachleiter über den Fall sprechen und uns kurz erholen. Diese Art der Nachsorge ist sehr wichtig, selbst wenn es immer noch Kollegen geben mag, die es für „weich" halten, nach Einsätzen über das Erlebte zu sprechen. Ich persönlich habe es nie bereut, offen über meine Erfahrungen zu reden, sei es nun mit einem Vorgesetzten, mit Freunden oder meiner Frau.

Der Auftrag war erfüllt, ich tat, was nötig war. Dieser Einsatz ist glimpflich verlaufen, das Kind hat überlebt, aber die Bilder der fast sterbenden Leonie bleiben bis heute präsent.

Fall 2: Bushido und die Presse

Selbsttötungsversuche sind alltäglich. Ob der tatsächliche Wunsch besteht, das eigene Leben zu beenden oder ob es um eine Art „letzter Hilferuf" geht, die Polizei hat täglich mit diesem Einsatzanlass zu tun. Um den sogenannten „Werther-Effekt" zu vermeiden, informiert die Presse nur ausgesprochen selten von Suiziden und Versuchen dieser. So wurde auch von dem folgenden Sachverhalt keine Pressemitteilung abgesetzt und die Öffentlichkeit kennt diese Geschichte nicht. Sollten Sie selbst jemanden kennen, der suizidale Gedanken hat, helfen Sie bitte oder holen Sie Hilfe.

Berlin, Kreuzberg zur Mittagszeit, der Einsatzanlass kommt über Funk „Person droht zu springen". Mein Kollege und ich erreichen zügig die Einsatzörtlichkeit, ein in Sanierung befindliches siebenstöckiges Wohnhaus, und steigen aus dem Wagen, den Blick nach oben gerichtet. Auf einem Baugerüst im obersten Stock steht eine männliche Person und schreit uns unmittelbar an: „Ihr

Drecks-Bullen! Kommt ihr auch nur einen Schritt näher, springe ich!" Was man in so einer Situation tut? Man nähert sich verdeckt und nutzt parkende Autos als Sichtschutz. Einerseits wollte ich nicht der Auslöser für einen sicherlich tödlichen Sturz sein, auf der anderen Seite wollte ich auch nicht von einem fallenden 90 kg Körper erschlagen werden. Daher sah ich permanent nach oben und versuchte, erste Erkenntnisse zu gewinnen.

Mein Kollege und ich erreichten den Hauseingang, die Tür stand schon offen und wir entschlossen uns, in den sechsten Stock zu rennen. Dort verschaffte uns ein Anwohner Zugang zu dem Baugerüst, indem wir durch seine Wohnung liefen und aus seinem Wohnzimmerfenster kletterten. Ich betrat das Gerüst und stand nun ca. 8 Meter entfernt vom „Springer". Noch konnte ich nicht mit ihm sprechen, denn es gab andere Dinge zu klären.

Per Funk kam die Frage auf, wie denn nun der Verkehr umgeleitet werden solle, schließlich handelte es sich um eine sehr befahrene Hauptverkehrsstraße. Ich übertrug die Führung der gesamten Verkehrsmaßnahmen an einen anderen

Funkwagen. Von einem Gerüst im sechsten Obergeschoss aus, den Verkehr zu leiten, schien mir nicht praktikabel. Schon dieser Moment zeigt, es kann „um Leben und Tod" gehen, aber der Verkehr muss bitte weiter rollen.

Der Fahrzeugverkehr wurde natürlich umgeleitet, sämtliche Passanten wurden auf die gegenüberliegende Straßenseite verbracht. Diese Maßnahmen müssen erfolgen, damit nicht Unbeteiligte zu Schaden kommen. Viele Fußgänger wollten aber eh viel lieber auf der anderen Seite stehen, da sie von dort einen besseren Blick auf das Geschehen hatten. Ich möchte Ihnen meine Einschätzung zum Thema „Gaffer" geben. Alle hassen „Gaffer", nicht wahr? Ich als Polizeibeamter würde in einer solchen Situation auch stehenbleiben, ich würde auch zuschauen. Natürlich kann ich mich selbst beruhigen und mir sagen „Du bist kein Gaffer, du bist Polizist, du schaust nur, ob Gefahren entstehen und ob du helfen kannst.", doch ist das nur die halbe Wahrheit. Für mich persönlich liegt der Unterschied zwischen „aufmerksamen Beobachten" und „Gaffen" in der Distanz zum Geschehen und im Verhalten des Zusehenden. Stört dieser die Maßnahme nicht und hält einen gewissen, womöglich diktierten, Abstand, habe ich

Verständnis für das Zusehen. Vollkommen inakzeptabel finde ich das Filmen oder Fotografieren des Geschehens, insbesondere bei Unfällen im Straßenverkehr oder verletzen oder toten Personen.

Die Person auf dem Gerüst war Emre. Er sah mich an und schrie, er wolle keine Polizei, da diese noch nie für ihn da gewesen sei. Er werde springen, wenn sich jemand weiter annähern würde. Emre wollte sich augenscheinlich nicht helfen lassen und anhand seiner Äußerungen konnte ich erkennen, dass er psychische Probleme haben musste. Wenn in fiktiven Medien, wie z.B. Filmen Menschen mit psychischen Krankheiten dargestellt werden, so sind diese Darstellungen oft sehr ansprechend, doch ähnlich wie ein Fernsehkrimi wenig mit der Realität zu tun hat, verhält es sich auch mit den psychischen Erkrankungen. Im wahren Leben tun diese Menschen Dinge, die man sich kaum vorstellen kann, sie sagen Dinge, die komplett aus dem Kontext gerissen sind. Ich wollte mir die verzerrte Wahrnehmung von Emre zu nutzen machen und zog meine Schutzweste und mein dienstliches

Poloshirt aus. Auf den ersten Blick war ich nicht mehr direkt als Polizeibeamter zu erkennen. Ich versuchte, mich zu nähern, doch Emres erneute Drohung, er würde springen, hielt mich davon ab, die Distanz weiter zu verringern. Sie können sich das Dilemma vorstellen. Ich will helfen, doch kann es kaum, ohne das Leben von Emre zu gefährden. Jener hielt sich zu diesem Zeitpunkt mit beiden Händen an dem Baugerüst fest, er war jedoch schon auf der äußeren Seite des Gerüsts. Hätte er nun beide Hände gelöst, er wäre gut 20 Meter in die Tiefe und auf die mittlerweile freie Fahrbahn gestürzt.

Ich kam mit ihm ins Gespräch, wobei das als solches schon kompliziert ist. Was sage ich jemandem, der in den sicheren Tod springen möchte? Was rate ich jemandem, den ich nicht kenne, und ich nicht weiß, wie er damit umgeht? Ich begann das Gespräch, wie ich schon so viele polizeiliche Maßnahmen einleitete. Ich fragte nach dem „Warum?".

Emre gab an, sein Leben sei sinnlos. Seine Mutter hasse ihn, seine Freundin habe ihn verlassen und er fühle sich wertlos. Er gab viele Ansätze für einen Gesprächseinstieg, doch seine Ex-Freundin schien ihm das Wichtigste zu sein. Ich fragte, was vorgefallen war. Für einen Moment drang ich zu Emre vor, ich erkannte, dass er ernsthaft nachdachte. Dann war mir die Gesprächsführung entglitten und der psychisch labile Emre übernahm wieder die Kontrolle über sein Handeln. Er zog seine Jogginghose herunter und entblößte sein Glied. Er schrie: „Ist es wegen diesem kleinen Schwanz? Hast du mich deshalb verlassen? Nur wegen diesem kleinen Schwanz!" Nun löste er seine linke Hand vom Geländer und steckte sich seinen Zeigefinger in den After. Er zog den Finger hinaus und steckte ihn anschließend in seinen Mund. Es sind Momente wie diese, die für mich ganz klar den Unterschied von Fiktion und Realität aufzeigen, solche Handlungen werden im Film nicht gezeigt, passieren aber in echt. Ich war erleichtert, als er sich wieder mit beiden Händen festhielt, doch ich wusste auch, er hatte die Kontrolle über die Situation. Wollte er nun loslassen, ich hätte ihn nicht daran hindern können. Ich persönlich glaube, für uns Polizisten ist es immer schwierig, nicht die Kontrolle zu haben.

Ich fragte ihn, wie es weitergehen solle und was er möchte. Er überlegte kurz und sagte dann, er wolle den Rapper Bushido am Ort haben, um mit ihm zu reden. Außerdem solle die Presse zum Ort kommen, er wollte eine Bühne für seine Situation haben. Für mich war es ein schwieriger Moment. Einerseits möchte ich den Betroffenen nicht anlügen und ihm sagen, alle seine Wünsche gingen in Erfüllung, genauso wenig möchte ich ihm vor den Kopf stoßen und ihm aufzeigen, wie unsinnig seine Forderungen sind. Ich wählte einen Zwischenweg und gab über Funk die Forderungen an die Leitstelle durch. Dieses tat ich so, dass Emre es hörte und ich fragte ihn zwischendurch, ob das alles so richtig sei. Ich hatte das Gefühl, dass er sich dadurch bestätigt sah. Der Kollege, der den Funk an der Leitstelle mithörte, verstand, dass diese Maßnahmen nicht tatsächlich einzuleiten waren. Stattdessen wurde das Spezialeinsatzkommando alarmiert, polizeiliche Lagen auf Baugerüsten sind für das SEK prädestiniert, da diese

Kollegen über Kletterausrüstung und die nötige Erfahrung verfügen.

Wie es uns beigebracht worden war, versuchte ich mehrfach mit Emre zu sprechen und war sicher, solange er antworten wollte, würde er nicht springen. Wir konnten etwas Zeit gewinnen. Während des gesamten Gesprächs lief der Einsatz nebenbei weiter, der Verkehr wurde umgeleitet, die Feuerwehr baute mehrere Sprungkissen auf und das angeforderte Spezialeinsatzkommando erreichte die Einsatzstelle. Mit Kletterausrüstung machten sich die Kollegen bereit, einen Zugriff im siebten Stock vorzubereiten. Unsere Aufgabe war klar, Emre so in Gespräche zu verwickeln, dass er diese Vorbereitungen nicht mitbekommen würde. Ich erkannte, dass er immer wieder nach unten zur Fahrbahn sah, er musste mittlerweile auch die großen roten Sprungkissen wahrgenommen haben. Mittlerweile waren auch Kollegen vom Rettungsdienst auf dem Gerüst und sprachen mit Emre. Ich war froh, kurzzeitig abgelöst zu sein, es war ein kräftezehrender Verlauf.

Plötzlich knackte es auf dem Gerüst im fünften Obergeschoss. Ein Kollege des SEK war mit seiner Ausrüstung dermaßen hängengeblieben, dass es laut hörbar war. Auch Emre wusste, sie kamen, um ihn zu holen. Er hatte mehrmals deutlich gemacht, er würde springen, wenn sich jemand nähern würde. Er sah ein letztes Mal nach unten, ich hörte mich noch rufen: „Emre, sieh mich an!", doch es war zu spät.

Emre ließ das Geländer los und die Schwerkraft beförderte ihn nach unten. Zunächst sah ich ihn noch fallen, dann versperrte das Baugerüst meine Sicht. Schreie von Passanten, die auf der gegenüberliegenden Fahrbahnseite standen und ein lauter Knall hatten bestätigt, dass Emre aufgeschlagen war. In meinem Kopf entstanden unmittelbar sämtliche Bilder, die zu der Situation passten. Vorwürfe, dass ich den Sturz nicht verhindern konnte, Vorwürfe an den Kollegen, der seine Position verraten hatte und der Anblick von einem toten Emre, der gnadenlos aufgeschlagen sein musste. Der erste Mensch, der in meinem Beisein sein Leben ließ. Was hätte ich anders machen können, wie hätte ich es verhindern können?

Es kam mir wie eine Ewigkeit vor, dass ich diese vorgestellten Bilder verarbeitete, doch nur wenige Sekunden nach dem Knall hörte ich den Einsatzleiter sagen: „Person im Sprungkissen gelandet. Ich wiederhole, Person im Sprungkissen gelandet." Durch meine durch das Baugerüst eingeschränkte Sicht auf den Sturz hatte ich es selbst nicht ansehen können, aber Emre hatte augenscheinlich versucht, auf dem Kissen zu landen und es geschafft. Sofort erfolgte der Zugriff der am Boden gebliebenen SEK Kräfte. Im Nachgang erfuhren wir, dass Emre den Sturz unverletzt überstanden hatte. Der Einsatzleiter der Feuerwehr gab an, die Sprungkissen seien für Maximalhöhen von ca. 13 Metern ausgelegt und selbst dann komme es regelmäßig zu Knochenbrüchen. All das blieb Emre erspart, er wurde unverletzt in das nahegelegene Krankenhaus und dort auf die geschlossene Psychiatrie gebracht. Ob Bushido und die Presse ihn dort besuchten, ist nicht überliefert.

Fall 3: Der mysteriöse Einbruch

Es war ein ganz normaler Auftrag, zumindest vom Einsatzanlass her. Ich wurde in eine schöne Gegend in Kreuzberg zu einem Einbruch gerufen, in eine großartig eingerichtete Eigentumswohnung. Generell gibt es zwei unterschiedliche Arten von Einbruchseinsätzen. Jene, bei denen der Täter noch im Objekt ist oder dieses nicht auszuschließen ist und jene, bei denen die Bewohner bereits ihre Wohnung durchsucht haben und keine fremden Personen mehr im Objekt sind. Dieser war einer der letztgenannten Kategorie, daher musste ich auch nicht eilig anfahren.

Als ich eintraf, öffneten zwei junge Männer die Wohnungstür. Mein erster Blick fiel auf die Türzarge, üblicherweise sind dort nach einem Einbruch Beschädigungen erkennbar. In diesem Fall waren sowohl die Zarge als auch die Tür selbst augenscheinlich unversehrt. Die Wohnung war sehr aufgeräumt, ich bekam sofort den Eindruck, die Bewohner seien sehr wohlhabend, ein gutes

Ziel für einen etwaigen Einbruch. Merkwürdig war jedoch, dass es keine offenstehenden Schubladen gab und auch sonst nichts deplatziert aussah. Womöglich hatten die beiden jungen Männer alles wiederhergerichtet, doch das wäre aus Sicht der Spurensicherung eine Katastrophe gewesen. Fingerabdrücke, DNS-Spuren oder vom Täter zurückgelassene Gegenstände sind bei Einbrüchen immens wichtig, nur so kann ein Tatverdächtiger ermittelt werden.

Ich fragte, was geschehen sei. Die beiden gaben an, sie hätten die Nacht über geschlafen und am Morgen seien beide sicher, dass mindestens eine Person sich unbefugt Zutritt verschafft haben musste. Diese Vorgehensweise, der Modus Operandi, ist an sich schon ungewöhnlich, da Einbrecher üblicherweise keine Personen im Objekt haben wollen, um ihre Tat ungestört auszuführen. Die meisten Einbrüche finden auch nicht nachts statt, was noch immer viele fürchten, sondern vormittags, da zu dieser Zeit die meisten Menschen arbeiten sind und das Risiko entdeckt zu werden geringer ist. Zudem fallen beispielsweise Geräusche im Hausflur nachts viel eher auf, ebenso ein lautes Knacken der Tür. Tagsüber können solche Geräusche besonders in der belebten Innenstadt mit Baulärm verwechselt werden. Die Anonymität der Großstadt hilft zudem, da immer weniger Leute ihre Nachbarn kennen.

Auf meine Frage, was abhandengekommen sei, wirkten beide Personen ein wenig perplex. Die Antwort war simpel, es war nichts entwendet, keine Schublade geöffnet, generell nichts angefasst worden. Der ganze Fall schien immer merkwürdiger zu werden. „Wieso sind Sie dann so sicher, dass jemand in der Wohnung war.", fragte ich. „Weil jemand Fremdes im Bad war und dort...nun ja, sein Geschäft verrichtete.", antwortete einer der Männer. Ich musste nachhaken: „Und Sie haben die Spülung gehört oder jemand hat danach nicht saubergemacht?"

„Nicht direkt. Der Unbekannte hat nicht in die Toilette gemacht, sondern in die Badewanne."

Es gibt Momente im Leben eines Polizisten, in dem ihm das professionelle Vorgehen schwerfällt. Dieser war ein solcher. Mit einem leichten Grinsen sah ich die beiden an und beide lächelten ebenfalls. Der ganze Fall schien sehr komisch. Wir gingen ins Badezimmer und in einer sehr geräumig wirkenden Badewanne lag das „Corpus Delicti". Es sah aus wie ein unglaublich großer Hundehaufen, doch alle Logik sagte mir, er müsse menschlichen Ursprungs sein. Ein Haustier besaßen die beiden nicht, ein wildes Tier wäre nicht in die Wohnung gekommen. Ich dachte an einen schlechten Scherz, an einen Plastik-Haufen, doch wurde enttäuscht. Die Ränder der Exkremente fransten leicht aus, sodass es keineswegs Plastik gewesen sein konnte, der Haufen war echt.

Mit einer mittlerweile ernsteren Miene sah ich die beiden an und fragte, ob beide sicher seien, vergangene Nacht nicht vielleicht Alkohol oder Betäubungsmittel konsumiert zu haben und selbst Verursacher des Haufens zu sein. Beide beteuerten, jeweils höchstens zwei Bier getrunken zu haben und sicher zu sein, nicht in die Badewanne gemacht zu haben. Das war mein wahrscheinlichstes Szenario. Der Konsum von Drogen kann zu Aussetzern im Gedächtnis führen und auch merkwürdige Handlungen hervorrufen.

Ich fragte, ob die beiden vielleicht Feinde hätten, die ihnen Böses wünschen. Oder ob es weitere Schlüssel gäbe, mit denen ein Zutritt möglich gewesen wäre, doch beides wurde verneint. Ich dachte an wütende Ex-Freunde/Freundinnen oder an sonstigen Besuch, doch alles wurde verneint.

Man stelle es sich bildlich vor, sofern man mag, die beiden Bewohner liegen schlafend im Bett. Der große Unbekannte verschafft sich Zutritt zur mehrfach verschlossenen Wohnung, ohne eine Beschädigung herbeizuführen, geht zielsicher in das Badezimmer, lässt seine Hose herunter und macht einen Haufen in die Badewanne. Anschließend verlässt er die Wohnung, wieder ohne weitere Spuren zu hinterlassen, wobei die eine im Bad ja auch mehr als genug war. Es ergab wenig Sinn und dennoch musste eine Anzeige gefertigt werden.

Da es keine entwendeten Gegenstände gab, blieb strafrechtlich lediglich ein Hausfriedensbruch übrig. Für dessen Bearbeitung wurde das Nehmen einer DNS-Probe der Exkremente durch die Kriminalpolizei verneint, dieses sei den Aufwand nicht wert. Ich sollte ein Foto schießen, dieses wurde zum Vorgang hinzugefügt. Mein Fazit zu dem Einsatz: „Scheiße, gelaufen."

Fall 4: Der (b)rennende Mann

Es war ein Tag, fast wie jeder andere. Mein Kollege und ich fuhren Streife und bekamen den Einsatz per Funk: „Person brennt, wir haben bereits mehrere Anrufe, die alle dasselbe schildern, eine männliche Person steht in Flammen und rennt die Straße entlang". Das Begriffspaar "Mehrere Anrufe" bedeutet im Polizeijargon übersetzt in etwa „es scheint keine Falschmeldung zu sein". Ich war sicher, eine Person brannte und es ging darum Leben zu retten.

Dieser Beruf hat immer das Potenzial von 0 auf 100 zu wechseln, ohne Ankündigung. So schnell es ging eilten wir zum Einsatzort und das Bild, welches sich mir bot, werde ich nie vergessen. Vor mir standen mehrere Zeugen und ein Mann, dessen komplette Haut verbrannt war, er selbst brannte in diesem Moment jedoch nicht mehr. Ich fand, er ähnelte einer Bronzestatue oder einem gegrillten Hähnchen. Nichts läge mir ferner, als respektlos zu sein, doch ich versuche meine

Erlebnisse realistisch zu schildern und Bilder mit Worten zu zeichnen. Ich lief zu ihm und fragte ihn, ob er mir schildern könne, was geschehen sei. Komplett unter Schock stehend, sagte er ganz nüchtern: „Ich habe mich mit Benzin übergossen und angezündet."

Ich hatte unmittelbar das Gefühl, es handele sich um einen Suizidversuch, aber in Berlin weiß man nie, ob es nicht doch ein missglücktes Kunstprojekt oder Ähnliches ist. Daher folgte meine nächste Frage nach dem Grund, warum er sich anzündete. Er erwiderte, er wollte sich das Leben nehmen. Also doch. Er tat mir richtig leid. Nicht nur, dass Anzünden ein furchtbar schmerzhafter Weg ist, sein Leben zu beenden, es war ihm missglückt und er musste noch jetzt schreckliche Schmerzen verspüren. Ich tröstete mich mit dem Gedanken, dass er dermaßen unter Schock stehen müsste, dass er die Schmerzen weniger spüren dürfte. Der Rettungswagen traf ein und wir nahmen eine erste Einweisung vor.

Was dann geschah, erschüttert mich noch heute. Eine betagtere Dame zückte ihr Smartphone und wollte den Mann fotografieren (siehe oben zum Thema „Gaffer"). Ein eingetroffener Feuerwehrmann stand neben der Frau und schrie sie an, sie solle unverzüglich das Telefon wegpacken oder er schlage es ihr aus der Hand. Ich bin generell gegen Gewalt, auch gegen Sachen, aber in diesem Moment wäre es mehr als angemessen gewesen. Sie folgte der Anweisung, doch ich frage mich bis heute, ob die Frau die Einsicht erlangt hat, die eine solche Situation erfordert. Was dachte sie sich? Dachte sie, es sei eine tolle Geschichte für die nächste Dinner-Party, die sie mit dem Bild anschaulicher machen wollte? Diese Mobiltelefone sind ein Fluch und ein Segen.

Der verbrannte Mann wurde in den Rettungswagen gebracht und zum nächsten Krankenhaus gefahren. Vor der Abfahrt fragte ich noch schnell den Notarzt, wie es um den Zustand der Person bestellt sei. Der Arzt gab an, dass ein Überleben ausgeschlossen sei. Diese Antwort überraschte mich zunächst, konnte der Mann doch stehen und sprechen. Die Haut kann großflächige

Verbrennungen nicht kompensieren, man erstickt sozusagen. Wenn ich von großflächig spreche, meine ich in diesem Fall den gesamten Körper. Es gab keine Stelle, die nicht verbrannt war. Das Gesicht, die Hände, der Intimbereich, sogar die Füße waren komplett verbrannt und offene, blutende Blasen hatten sich gebildet. Das Gesicht, die Haare, einfach alles hatte Feuer gefangen oder war von den Flammen stark in Mitleidenschaft gezogen worden.

Wie es unsere Aufgabe ist, befragten wir zunächst die Zeugen des Geschehens. Im Besonderen ist mir eine junge Frau in Erinnerung geblieben, die weinend schilderte, was sie gesehen hatte. Der Mann habe sich mit einer Flüssigkeit übergossen, angefangen an seinen langen geflochtenen Haaren, sogenannte „Dreadlocks". Dann habe er sich mit einem Feuerzeug entzündet und hohe Flammen geschlagen. Seine Schreie, so schilderte es die Zeugin, waren unerträglich und man konnte sich nur vorstellen, wie schlimm es gewesen sein musste, für sämtliche Beteiligte. Die Person sei dann brennend losgerannt, bestimmt 200 Meter weit, habe dauerhaft geschrien und sei dann zum Stehen gekommen. Ein Passant hatte seine Jacke über den Mann geworfen, um die verbliebenen Flammen zu löschen. Die Schilderungen der Zeugin waren erschreckend und ihr Zustand dementsprechend. Wir übergaben auch sie an einen Rettungswagen, um sie betreuen zu lassen. Ihre Hinweise halfen, den Ort des „Anzündens" und jenen des Anhaltens als zwei Tatorte voneinander abzugrenzen. Wir mussten beide Bereiche absperren und sämtliche Spuren sichern. Die abgebrannten, abgefallenen Locken auf dem Boden zeichneten den Leidensweg der Person erschreckend detailliert, wie die Brotkrümel bei „Hänsel und Gretel". Der Ort, an dem sich das Opfer mit der Flüssigkeit übergossen hatte, wies einen schwarzen Fleck auf dem Boden auf.

Ein Portemonnaie, welches im Nahbereich aufgefunden werden konnte, bescherte Gewissheit. Die brennende männliche Person war Peter, rund 30 Jahre alt und wie wir seinem Personalausweis entnehmen konnten, hatte er vor dem Geschehen tatsächlich lange Locken gehabt. Im

Portemonnaie lag eine Quittung einer nahegelegenen Tankstelle und ich las die zwei Zeilen:

1) Reservekanister, Plastik

2) 5,23 Liter Benzin

Die Quittung war vom heutigen Tag, ausgestellt rund 15 Minuten bevor der Einsatz auflief. In der Geldbörse fanden wir zudem ein Foto einer Frau in seinem Alter. Ob sie seine Freundin war? Wusste sie, dass er sterben wollte? War sie selbst noch am Leben?

Auf seinem Personalausweis stand Peters Adresse, die wiederum nur wenige Meter entfernt lag. Da Menschen, die Suizid begehen wollen, manches Mal andere zuvor töten, fürchtete ich, wir könnten in seiner Wohnung auf seine Freundin stoßen, die womöglich von ihm getötet wurde. Also machten wir uns auf den Weg, denn Peter zu fragen, war nicht mehr möglich, er war bereits unterwegs ins Krankenhaus. Vor der Tür zu seiner Wohnung angekommen, sah ich durch das Schlüsselloch und konnte durch einen schmalen Flur bis in das gegenüberliegende Badezimmer sehen. Dort lag ein metallener Gegenstand auf dem Rand der Badewanne und es sah aus, als hafte Blut an diesem. Nachdem niemand auf Klopfen und Klingeln reagierte, mussten wir vom Schlimmsten ausgehen. Hatte Peter einen Mord begangen und wollte sich dann selbst töten? Es war keine Zeit für Fragen. Sollte die Frau vom Foto tatsächlich verletzt in der Wohnung liegen, ging es um jede Sekunde.

Eine Einsatzhundertschaft war ebenfalls vor Ort und brach die Tür mit einer „Ramme", einem schweren Metallblock, auf. Auf das Schlimmste vorbereitet, betraten wir mit gezückter Waffe die Wohnung und fanden...niemanden. Die Wohnung war unaufgeräumt, überall waren Blutspuren erkennbar, aber sie war menschenleer. Der Gegenstand aus dem Badezimmer, eine kleine Axt, war tatsächlich mit Blut behaftet, doch es sah aus, als habe Peter vor dem brennenden Suizidversuch überlegt, sich auf andere Weise das Leben zu nehmen. Tatsächlich hatte ich zuvor an seinem rechten Fuß eine blutende Wunde erkennen können, die womöglich von dieser Axt stammte. Dieses Detail war tatsächlich erst in diesem Moment relevant geworden, es hätte auch eine durch das Rennen entstandene Verletzung gewesen sein können.

Ich war erleichtert, Peters Freundin, so sie es denn war, nicht begegnet zu sein, weder lebend noch tot. Wir übergaben die Wohnung der Kriminalpolizei und beendeten den Einsatz. Die weiteren Ermittlungen, zum Beispiel die Information an Angehörige erfolgte erst später.

Auf dem Polizeiabschnitt angekommen, wollten diverse Kollegen hören, was geschehen war. Nach einer zunächst sachlichen Schilderung versuchten mein Kollege und ich den Einsatz mit Humor zu verarbeiten, uns fielen dutzende dumme Sprüche ein, um den Einsatz zu beschreiben. Ich bitte erneut um Verständnis, wir machen uns nie über jemanden lustig oder sind pietätlos, wir versuchen stets nur, das Erlebte zu verarbeiten. Ein Kollege, der den Einsatz nicht miterlebt hatte, betrat den Schreibraum mit seinem Essen, es war ein halbes Hähnchen. Weshalb wir ihn komisch ansahen, verstand er zunächst nicht.

Das Bild von dem (b)rennenden Mann habe ich noch immer vor Augen.

Am folgenden Tag erhielt ich die Mitteilung, dass Peter seinen Verbrennungen erlegen war, sein Suizidversuch war schließlich doch geglückt. Es war einer der seltenen Momente, in dem ich nach dem Abschluss der ersten Tätigkeiten vor Ort weitere Informationen erhielt. Üblicherweise enden die Fälle für uns meist mit der Abgabe der Anzeige beim Vorgesetzten. Lediglich im Falle eines späteren Gerichtstermins sehen wir „unsere" Betroffenen wieder oder in besonderen Fällen erfahren wir, wie es ausging. So auch bei Peter.

Fall 5: Schulden und Sühne

Mit den Ansagen, die über Funk erfolgen, ist es immer so eine Sache. Manchmal heißt der Einsatzanlass „Schlägerei" und bei Eintreffen geben die Anwesenden an, es habe ein Raub stattgefunden. Im vorliegenden Fall wurde ich zu dem Verdacht einer „Trunkenheitsfahrt" gerufen.

Die Bilder im Kopf beginnen sofort: Ein Auto- oder Rollerfahrer fährt in Schlangenlinien und es liegt auf der Hand, dass der Fahrer betrunken ist. Nur sollte es dieses Mal anders kommen.

Die Beschreibung deutete auf einen alten blauen VW hin, welcher im Nahbereich gestellt werden konnte. Ich holte den Fahrer aus seinem Fahrzeug und setzte ihn hinten in den Streifenwagen. Eine erste Zeugenbefragung ergab, dass der Betroffene beim Führen des Fahrzeuges einen Joint geraucht haben soll. Damit konfrontiert, gab der

Fahrer, Can, zu, Cannabis geraucht zu haben, um sich zu entspannen. Unverantwortlich fand ich, dass auf der Rückbank des VW ein Kindersitz lag. Cans Sohn war zwar nicht an Bord, aber auch so war klar, dass Can seinen Sohn fährt, während er unter Einfluss von Betäubungsmitteln steht. Ich konfrontierte ihn damit und er regierte sehr verständnisvoll. Er entschuldigte sich sofort, er wisse, dass es unverantwortlich sei. Die Gefahren, die beim Fahren unter Einfluss von Betäubungsmitteln entstehen, übersteigen die allgemeinen Gefahren um Längen. Doch war er in diesem Fall nicht sonderlich auffällig gefahren, keine Schlangenlinien, kein unkontrolliertes Fahren. Can hielt sich an sämtliche Vorschriften.

Was dem Zeugen, der ein Polizeibeamter außer Dienst war, komisch vorkam, war Folgendes. Can hatte gehalten, jemanden einsteigen lassen und die Person ca. 200m weiter aussteigen lassen. Allen Beteiligten war klar, es musste sich um ein sogenanntes „Drogentaxi" handeln. Ich fragte Can, ob er sich dazu äußern möchte und uns sagen will, wo er die Drogen versteckt. Mein Kollege, der schon etwas länger seinen Dienst versieht, sah Can an und sagte wörtlich: „Du, ich schlitze dir zur Not auch die Sitze auf." Can wusste, er hatte keine Chance mehr, was nun folgte, war unausweichlich. Ein Richter hätte bei einer Weigerung unter den vorliegenden Umständen mit Sicherheit eine Durchsuchung des Wagens nach Betäubungsmitteln angeordnet.

Cans Blick wurde sanft und er wies uns auf die Sporttasche auf der Rückbank hin. In dieser fanden wir schließlich gut fünfzig Plastiktütchen mit Cannabis, einige mit Kokain und einige mit Haschisch. Mehrere Haushaltsgegenstände waren so präpariert, dass mittels zweiten Bodens weitere Drogen versteckt wurden. Bitte haben Sie Verständnis, dass ich über diese Gegenstände und deren Präparation nicht zu detailliert erzähle, wir wollen ja keine Anleitung für Drogenkuriere verfassen. Was ich sagen kann, der Einfallsreichtum ist nahezu grenzenlos. Es gibt hervorragende Verstecke, die dem ungeübten Blick verborgen bleiben.

All die Drogen, jede Menge Bargeld und die Präparate waren nun zu beschlagnahmen, auch das Fahrzeug als solches wurde mitgenommen. Ich war ehrlich zu Can und sagte ihm, was ihn erwarte und wie es weitergehen würde. Ich bin ein offener, ehrlicher Polizist, ich habe nie versucht, Leute einzuschüchtern, um Informationen zu erhalten und habe gute Erfahrungen damit gemacht. Oft genug habe ich von Betroffenen erfahren, dass sie mir mehr erzählt haben, als sie ursprünglich wollten, einfach nur, weil ich zuhörte und mich wirklich für die Umstände interessierte.

Can öffnete sich immer mehr und wir führten ein gutes Gespräch. Dieser Straftäter, der mit dem Handel von Betäubungsmitteln eine schwere Tat begangen hatte, war ein echt netter Kerl. Er war noch nie polizeilich in Erscheinung getreten und ich fragte ihn, wieso er es getan habe und ich lernte, dass Can hohe Schulden hatte, die er so zu begleichen versuchte. Er sei an die falschen Leute geraten und wisse nun keinen Ausweg. Wer diese Leute, seine Auftraggeber, waren, sagte er nicht, zu groß sei das Risiko für sein Leben und das seiner Familie. Natürlich ärgerte mich diese

Aussage ein wenig. Die wirklich bösen Buben wollte Can nicht verraten, es wäre einerseits ein toller Erfolg gewesen, die Hintermänner dingfest zu machen, aber ich hatte ebenso Verständnis, denn diese Leute sind zu allem fähig. Es blieb also noch einiges an Ermittlungsarbeit für das Drogendezernat übrig.

Wie in einem solchen Fall üblich, rief ich die Staatsanwaltschaft an, um einen Durchsuchungsbeschluss für Cans Wohnung zu erwirken. Während wir auf diese Bestätigung warteten, fragte ich ihn, ob wir dort weitere Betäubungsmittel finden würden. Er verneinte dies und schilderte glaubwürdig, dass er morgens eine Sporttasche voller Drogen erhält und diese über den Tag hinweg verkaufen soll.

Ich glaubte ihm, ich hatte nicht das Gefühl, dass er ein übler Kerl war, er kam mir wie jemand vor, mit dem ich ein Bier hätte trinken wollen. Aber das Dienstliche lässt einen in diesem Moment nicht los und so kam die Bestätigung für den Durchsuchungsbeschluss per Telefonanruf.

Bereits jetzt stand fest, dass Can nach der Wohnungsdurchsuchung in seiner Wohnung bleiben könnte, es wurde kein Haftbefehl erwirkt. Neben polizeitaktischen Gründen war vor allem seine Kooperation ausschlaggebend, dass er nicht in einer Zelle schlafen musste, zumindest nicht an jenem Tag.

Wir fuhren zu seiner Wohnung, die in einem sehr schönen Stadtteil lag. Auf dem Weg fragte ich Can, ob seine Frau wisse, womit er sein Geld verdiene, er verneinte. Ich fragte weiter, ob sie denn wisse, dass die beiden Schulden hätten, er verneinte auch dies. Ich blieb ehrlich mit ihm, sagte, das Schlimmste stünde noch bevor. Er lächelte, wir beide verstanden uns. Er schloss die Wohnungstür auf und seine Frau hatte den gemeinsamen Sohn auf dem Arm. Mit leiser, aber bestimmter Stimme sagte Can: „Die Polizei ist hier, die müssen sich etwas umsehen und danach erkläre ich dir alles."

Die Wohnungsdurchsuchung war eine kurze Angelegenheit.

Die Wohnung war in hervorragendem Zustand, aufgeräumt, sauber. Es gab keine Anzeichen auf Drogenverstecke und ich glaubte Can ja ohnehin schon, dass er nichts mehr zuhause verstecke. Wir verließen die Wohnung und ich wünschte ihm alles Gute. Ich sah Can an und hörte ihn nur noch eines sagen: „Danke...für alles."

Fall 6: Die Midlife-Crisis

Bevor es Mobiltelefone oder gar Smartphones gab, muss es deutlich einfacher gewesen sein, alkoholisierte Autofahrer im Fließverkehr festzustellen. Schlangenlinien waren stets sicheres Anzeichen, dass mit dem Fahrer oder seiner Fahrtüchtigkeit etwas nicht stimmte. Heutzutage jagen wir manches Mal minutenlang einem Fahrzeug hinterher, nur um am Ende festzustellen, dass ein Smartphone den Fahrer vom richtigen Fahren abgehalten hat. Auch das ist nicht erlaubt, unterscheidet sich aber im Besonderen in der Strafandrohung deutlich von einer Trunkenheitsfahrt.

Eines Abends, mein Kollege und ich fuhren gerade Streife und hatten keinen gesonderten Einsatz, sahen wir ein rotes Cabriolet, welches Schwierigkeiten hatte, die Spur zu halten. Smartphone, Alkohol, Drogen oder „In-der-Nase-bohren", man weiß nie, woran es liegt.

Ich fuhr mit dem Funkwagen direkt hinter dem Fahrzeug und wollte sehen, ob unsere schiere Anwesenheit reicht, damit der Fahrer wieder die Spur halten wird. Immer wieder geriet das Fahrzeug über die Begrenzungslinien, zu beiden Seiten. Der Wagen war noch einige Meter von einer Ampel entfernt, als diese auf „rot" schaltete. Das Cabrio fuhr ohne Halt weiter und es war klar, der Fahrer musste kontrolliert werden. Ich schaltete das Signal ein: „Stopp Polizei", doch der Fahrer fuhr unbeeindruckt weiter. Auch nach dem Betätigen der Lichthupe hielt der Fahrer nicht an. Ich schaltete unser lautes „Yelp-Signal" ein, ein Geräusch, dass bisher noch kein Verkehrsteilnehmer überhört hat.

Das Cabrio fuhr an den rechten Fahrbahnrand und ich direkt davor, um eine etwaige Flucht zu erschweren. Mein Kollege forderte den Fahrer zum Aussteigen auf und sagte ihm, er solle seine Dokumente mitbringen.

Der Fahrer, ein rund 40 Jahre alter Mann, der ein aufgeknöpftes Hemd mit Goldkette trug, hatte augenscheinlich Schwierigkeiten, das Fahrzeug zu verlassen und hielt sich an der Armlehne in der

Tür fest. Plötzlich begann der Wagen vorwärts zu rollen. Ich schrie den Fahrer an, er solle gefälligst die Handbremse anziehen oder den Schalthebel auf „P" stellen. Dieser Aufforderung kam er zwar nach, wirkte aber sehr desorientiert. Was nun folgte, ist eingespielte Routine bei uns: „Der Grund, weshalb wir Sie anhalten ist folgender, wir haben beobachtet, dass Sie bei „rot" in den Kreuzungsbereich eingefahren sind. Dies stellt eine Ordnungswidrigkeit dar, zu dieser können Sie sich äußern, müssen Sie jedoch nicht. Möchten Sie etwas dazu sagen?"

Nachdem Michael, der noch immer nicht vollends zu verstehen schien, was vor sich ging, angab, er sei sich keiner Schuld bewusst, folgte die nächste Standard-Frage: „Auf die folgende Frage müssen Sie nicht antworten, wenn Sie sich selbst belasten würden. Haben Sie vor Fahrtantritt Alkohol konsumiert?"

Michael gab an, es sei wohl ein kleines Bier gewesen. Also boten wir ihm einen Atemalkoholtest an, welcher eine komplett freiwillige

Maßnahme ist. Michael willigte ein und holte tief Luft. Er blies in das Mundstück und das Gerät arbeitete. Tut es dies länger als ca. drei Sekunden, ist das ein Anzeichen für Alkohol in der Atemluft, das Testgerät benötigt dann weitere Sekunden für die Kalkulation der Menge.

So auch bei Michael, nach rund acht Sekunden, die eine gefühlte Ewigkeit dauern können, zeigte der Tester 1,04 Promille an. Ohne zu sehr in die rechtlichen Details gehen zu wollen, ein solcher Wert, zwei „überfahrene" rote Ampeln und der Vorgang des Anhaltens und das Aussteigen indizieren eine Verkehrsstraftat. Damit konfrontiert gab Michael zu, es sei wohl doch etwas mehr Alkohol geflossen. Da nun eine Blutentnahme zur Beweissicherung unausweichlich war, fragte ich weiter: „Auch auf diese Frage müssen Sie nicht antworten, aber haben Sie vor Fahrtantritt Betäubungsmittel konsumiert?" Dieses Mal kam ein leiseres „Ja" vom Beschuldigten. „Ich habe mir eine Line Kokain reingezogen, rund eine Stunde bevor ich losgefahren bin." Dass auch dieses eine Straftat darstellt, musste ich ihm sicher nicht erklären, tat es aus rechtlichen Gründen dennoch.

An diesem Punkt wollte ich Michael durchsuchen, er könnte ja noch Betäubungsmittel mit sich führen. Bevor jemand durchsucht wird, fragen wir zur Eigensicherung, ob die Person noch Waffen oder gefährliche Gegenstände in den Taschen hat. Michaels Gesicht wurde blasser und er schaute richtig traurig drein. „Ja, ´nen Schlagstock." Jetzt tat er mir fast leid. Er hatte ja nicht erhofft, in eine Kontrolle zu kommen und nun war es, als kämen alle seine Sünden auf den Tisch. Mein Kollege fragte, wo sich der Schlagstock befinde und Michael zeigte auf seine rechte obere Jackentasche. Er bewegte seine Hand in Richtung des Reißverschlusses und wir schrien ihn an: „Halt! Wir holen den da heraus, bitte die Hand wieder runternehmen."

Aufgrund meiner Ausbildung wusste ich, dass Momente wie dieser die ganze Situation zum Kippen bringen können. Michael war sicher kein schlechter Mensch und wollte uns auch nichts Böses, aber man möge sich die Zwickmühle vorstellen, in der er steckte. Ihm drohte eine ordentliche Strafe, ein Führerscheinentzug und einiges

54

mehr. Wenn wir ihm jetzt gestatten, seine Hand auf den Schlagstock zu legen, könnte er auf dumme Gedanken kommen. Daher hatten mein Kollege und ich auch instinktiv nach unseren Waffen gegriffen. Michael bekam augenscheinlich Angst und erkannte, er war der Übeltäter. Er hob die Hände in die Luft, in der Absicht, nichts falsch machen zu wollen. Die Hände durfte er wieder herunterlassen, den Reißverschluss öffnete dann aber mein Kollege. Er zog den schwarzen Teleskopschlagstock, der in seiner Konfiguration unter das Waffengesetz fiel, aus der Jacke, es war ein weiterer Verstoß. In seinem Portemonnaie fand ich weißes Pulver in Aluminiumfolie. Anders als in manchem Hollywoodfilm dargestellt, probiert keiner das Pulver, um zu bestimmen, um welchen Stoff es sich handelt. Ja, Kokain schmeckt leicht bitter, aber ich kenne erstens nie den Reinheitsgrad des Zeugs vor mir, ich weiß nicht, wo das schon war und vor allem handelt es sich um Beweismittel in einem Strafverfahren. Da kann man nicht mal eben probieren.

Nach diesem Fund interessierte uns das Cabrio des Beschuldigten. Mein Partner fragte, ob sich dort weitere Drogen befänden. Dieses Mal war Michael positiv gestimmt: „Ne, da ist nix. Das weiß ich genau.", ein Lächeln breitete sich auf seinem Gesicht aus. „Und Waffen oder gefährliche Gegenstände finden wir dort auch nicht?", sein Lächeln verschwand und die traurige, bemitleidenswerte Miene kam zum Vorschein. „Doch, ich glaube, ich habe ein Messer im Handschuhfach. Ein großes." Ich sah nach und fand...nichts. Das Messer musste Michael an einem anderen Tag wohl doch schon aus dem Wagen geholt haben. Es war ein schwacher Trost, denn die nun folgende Entdeckung machte alles irgendwie noch schlimmer.

Fassen wir zunächst zusammen, ein Cabrio-Fahrer fährt zweimal über „rot", ist alkoholisiert, hat Kokain im Blut, einen Schlagstock griffbereit in der Jacke und Kokain im Portemonnaie. Strafrechtlich ist das eine ganze Menge, moralisch auch. Doch nun folgte der Vorwurf, der meiner Meinung nach am Schwersten wog und mir so in Erinnerung blieb. Ich sah durch sein Portemonnaie und fand seinen Führerschein, er war im Besitz nahezu sämtlicher Klassen, auch

Lastkraftwagen und Bus. Eine weitere Scheckkarte weckte mein Interesse. Mit Entsetzen fragte ich Michael: „Sind Sie Berufskraftfahrer bei der Berliner Verkehrsgesellschaft?" Michael war die Brisanz der Situation unmittelbar klar. „Ja, ich fahre Doppeldeckerbusse." Mein Kollege meinte noch, er solle schnellstmöglich seinen Arbeitgeber informieren, bevor wir dieses täten.

Seine nächste Schicht wäre am nächsten Tag gewesen. Die Viagra-Tablette, die zusammen mit einer größeren Menge an Bargeld ebenfalls in seinem Portemonnaie waren, vervollständigten das Bild, welches uns Michael auf der Fahrt zur Gewahrsamszelle bestätigte.

Ein Busfahrer, der eine Midlife-Crisis durchstehen muss, fährt mit seinem Cabrio umher, lässt Prostituierte ein- und aussteigen und konsumiert Kokain und Viagra, um leistungsfähig zu bleiben. Eine traurige Geschichte um einen unverantwortlichen Busfahrer, der am nächsten Tag wieder hunderte Menschen durch Berlin befördert hätte. So wurde er zu einer Blutentnahme gebracht und sein Führerschein wurde beschlagnahmt.

Aufgrund des Kokainkonsums erhielt Michael ihn auch nie wieder.

Fall 7: Der Fall aus dem Krankenhaus

Selbsttötungen sind selten, nicht wahr? Sie hören schließlich nur sehr wenig über Suizide, es sei denn, es handelt sich um herausragende Persönlichkeiten, wie Sportler oder Filmstars. Nun, tatsächlich geschehen in Deutschland pro Tag rund 25 Selbsttötungen und bedeutend mehr Versuche dieser. Eine davon betraf Jens, der morgens um 09:40 Uhr mit seiner Psychotherapeutin im Krankenhaus gesprochen hatte.

Jens war schizophren und depressiv und glaubte nicht mehr an eine Heilung. Er bekam Tabletten verschrieben, welche seinen Zustand bessern sollten. Dennoch entschied sich Jens gegen 11:00 Uhr dazu, sich selbst zu töten. Dazu fuhr er in den neunten Stock des Krankenhauses und betrat dort eines der Arbeitszimmer. Wie er es schaffte, dort Zugang zu erhalten, wurde später Teil der Ermittlungen der Kriminalpolizei, denn diese Räume waren üblicherweise verschlossen.

Was dann geschah, kann nur anhand der Beweise rekonstruiert werden, denn Jens konnte nicht mehr davon berichten. Er öffnete das Fenster und hielt wohl einen kurzen Moment inne. Dann ließ er sich vorwärts hinabfallen. Wenige Augenblicke später schlug er auf dem Boden auf, wobei er wohl noch versuchte, die Arme in einer Art „Schutzhaltung" vor den Körper zu strecken, als könne er den Aufprall verringern. Er war sofort tot, medizinisch wird von Verletzungen gesprochen, die mit dem Leben nicht vereinbar sind. Eine genauere Beschreibung dieser wird folgen, wer also besonders sensibel auf solche Themen reagiert, der sollte vermutlich erst ab dem nächsten Kapitel weiterlesen.

Bei meinem Eintreffen lag Jens noch genau so, wie er aufgekommen war. Beide Arme waren offensichtlich gebrochen, ein Endstück des Knochens des Oberarmes ragte hervor. Das Fleisch im Arm erinnerte mich an die Fleischtheke im Supermarkt. Rotes Fleisch, weiße Sehnen, das Innere eines Menschen unterscheidet sich nicht wesentlich von dem eines Nutztieres. An sich ist diese Wahrheit bereits aus dem Biologie-Unterricht bekannt, doch der direkte Anblick ist dann doch etwas Anderes, als Bilder im Lehrbuch. Der Hoden war durch den Aufprall komplett zerborsten, es war eine blutige Masse zu erkennen, wo sich die Genitalien einst befanden. Im Bereich des Gesichtes waren beide Augen in deren Höhlen zurückgepresst und die Öffnungen waren mit Erde gefüllt. Jens war direkt an einem Übergang von gepflastertem Weg und Wiese aufgeschlagen, die eintretenden Verletzungen variieren oft stark mit dem Untergrund. Seine Beine sahen optisch unverletzt aus, auffällig war jedoch, dass Jens nur eine Sandale trug, nicht zwei. Manches Mal stürzen Menschen aus ähnlichen Höhen und sehen nahezu unverletzt aus, aber in diesem Fall waren die Verletzungen nicht zu übersehen.

Die zu ergreifenden Maßnahmen der Polizei sind wie so oft das „Einfrieren" des Tatorts. Hiermit ist das Konservieren der Spurenlage gemeint, nichts am Tatort soll verändert werden und wenn dies unausweichlich ist, soll es dokumentiert werden. Das Krankenhaus stellte eine Trennwand bereit, die unmittelbar neben den Leichnam gestellt wurde, um etwaige Blicke zu vermeiden. Bis zum Eintreffen der Kriminalpolizei befragten meine Kollegen und ich Zeugen, die etwas von dem Vorfall mitbekommen hatten. Zunächst stand die Therapeutin von Jens vor mir. Sie schilderte, er sei am Morgen noch bei ihr gewesen, eine routinemäßige Untersuchung. Er habe das Übliche geäußert, dass Leben sei sinnlos und er würde es gern beenden. Solche Aussagen erfolgen hunderttausendmal am Tag, es muss als behandelnder Arzt unfassbar schwierig sein, diese Aussagen richtig zu deuten. Die Ärztin machte sich zwar keine Vorwürfe, war aber sichtlich mitgenommen von der Situation. Ich fürchte, es war nicht der erste Suizid, den sie in ihrem Leben miterlebt hatte und mit Sicherheit nicht der letzte.

Skurril wurde der Einsatz, als plötzlich ein Zeuge erschien, der sich im Garten aufgehalten hatte und den Sturz mit ansah. Bernd, selbst in psychiatrischer Behandlung, sagte, er habe Jens am Fenster stehen sehen. Dann habe er eine Hand gesehen, die Jens kräftig vor die Brust gestoßen habe, was zum Sturz führte. Hatten wir es am Ende mit einem Mordfall zu tun? Die Tatsache, dass ein psychisch kranker Zeuge nicht zu den zuverlässigsten gehört, bleibt bestehen, aber ignorieren kann man den Hinweis nicht. Wir befragten weitere Zeugen, Mitarbeiter des Krankenhauses und Bernd selbst.

Nach kurzer Ermittlung stellte sich jedoch heraus, dass Bernd lediglich Zeuge des Falles wurde, die Hand, die er gesehen haben wollte, sei plötzlich seine eigene gewesen. Auch diesem Hinweis gingen wir nach, doch Bernd hatte definitiv im Garten gesessen, als Jens sich das Leben nahm. Es war also viel Aufregung durch einen psychisch labilen Zeugen entstanden, die dieses Mal nicht vonnöten war.

Die Kriminalpolizei war mittlerweile eingetroffen und begann, Fotos des Verstorbenen anzufertigen. Ich hob dazu das Leichentuch an, mit welchem Jens bedeckt wurde. Ich habe im Laufe meiner Dienstzeit festgestellt, dass ich beim Thema "Leiche" weniger empfindlich bin, als andere. Das soll weder heißen, dass ich ein harter Typ wäre, noch, dass Kollegen, denen dieses Feld nicht bequem ist, "Weicheier" wären. Es ist eine körperliche Reaktion, auf die jeder nur bedingt

Einfluss hat. Glauben Sie mir, niemand findet stark verweste Leichen oder Deformationen an Verstorbenen angenehm, aber für manche ist das echt der Horror. Der Kollege von der Kripo sah es so ähnlich wie ich, auch er hatte keine Probleme mit dem Verletzungsbild.

Nachdem die Fotoaufnahmen angefertigt waren, befragten die Kollegen erneut die Zeugen. Jens wurde hierzu wieder abgedeckt, die Trennwand stand noch neben ihm. Dann geschah, was nicht geschehen darf und dennoch passierte es. Durch einen starken Windzug fiel die Trennwand um. Auf Jens. Ihn wird es nicht mehr gestört haben, doch alle Beteiligten sahen sich an und unsere Blicke sagten „Echt jetzt?".

Zusammen mit dem Kollegen der Kripo rannte ich zur Wand und wir hoben sie auf. Ab diesem Moment hielt ich die Wand fest, bis der Einsatz beendet war. Einerseits fühlt man sich richtig schlecht, dass es zu diesem Umstand gekommen ist, andererseits kann man so etwas auch kaum antizipieren. Irgendwie nahm es die Spannung heraus, es war ein verrückter Moment in einem sonst tragischen Fall. Ein Fall, der, so unangenehm er auch sein mag, zur Routine eines Polizeibeamten gehört. Nach dem Abtransport des Leichnams durch einen Bestatter endete der Einsatz und die Mitarbeiter des Krankenhauses konnten auf ihre Stationen zurückkehren.

Fall 8: Schulzeit

Meine Zeit an der Hochschule habe ich als sehr angenehm empfunden. Da saßen wir, gut 30 Kollegen in den ersten Vorlesungen und wussten noch gar nicht, ob aus uns gute Polizisten werden können. Unserer war mit Abstand nicht der einzige Studiengang an der Hochschule, es fanden unzählige Wirtschaftsvorlesungen statt, auch das sogenannte Sicherheitsmanagement wurde an dieser Fakultät fortgebildet.

Neben den eingangs erwähnten Geschichten, welche die Professoren und Dozenten erzählten, erlebte ich meine ganz eigene während des Studiums.

Es war ein Wintertag, welche stets die härtesten waren. Die Vorlesungen begannen, während es draußen noch dunkel war und endeten, nachdem es erneut dunkel geworden war. Es muss nach 16 Uhr gewesen sein, es war dunkel draußen, als mein Kollege Mark und ich den Vorlesungsraum für die letzte Vorlesung des Tages betreten wollten. In dem Hochschulgebäude selbst hatten wir selten einen zugewiesenen Raum, den wir länger als eine Vorlesung belegt hätten, daher mussten wir oft durch das Gebäude gehen. Mark und ich waren etwas früh dran, aber lieber 15 Minuten zu früh, als eine zu spät, so sahen wir es jedenfalls.

Ich drückte die Türklinke zum Raum hinunter und öffnete die Tür einen kleinen Spalt. Ich sah, dass der Raum komplett dunkel war, was ein gutes Zeichen war, schließlich wollte ich keine laufende Vorlesung stören. Erleichtert öffnete ich die Tür, schaltete das Licht ein und betrat mit meinem Kollegen den Raum. Plötzlich sah ich hinter der Tür einen jungen Mann, vermutlich unseres Alters, der auf dem Boden hockend seinen Rucksack zusammenpackte und den Reißverschluss zumachte. Vollkommen perplex sagte ich nur „Hallo", was ebenso einsilbig beantwortet wurde. Der junge Mann stand auf und verließ den Klassenraum. Der Raum war dunkel, bis ich das Licht eingeschaltet hatte. Die Person war im Raum, im Dunkeln, das ergab keinen Sinn. Es sei denn, die Person wollte nicht gesehen werden.

Ich gebe zu, es dauerte damals einen kleinen Moment, bis wir verstanden, was sich zugetragen haben musste. Ich sah an die Decke und erkannte, dass der Projektor, der „Beamer", der dort sonst hing, entwendet worden war. Klischeehaft sahen Mark und ich einander an und er sagte: „Denkst du, was ich denke?", woraufhin meine Antwort nur war: „Hinterher!"

Wir eilten in den Flur und hörten, wie eine Tür, die zum Treppenhaus führte, zufiel. Wir rannten ins Treppenhaus, dem Täter hinterher. Auf dem Weg äußerte Mark die klassischen Film-Verfolgungsjagd-Floskeln à la: „Weglaufen hat keinen Zweck!" oder auch „Wir erwischen dich eh!", wohingegen ich mir meinen Atem sparen wollte, um den Kerl einzufangen. Nachdem wir ihm drei Stockwerke hinterherrannten, gelangten wir schließlich in das Erdgeschoss. Dort bekam Mark ihn an seinem Rucksack zu greifen und es sah für einen kurzen Moment so aus, als wollte der Täter sich gegen die Festnahme wehren. Ich sah ihn mit einem ernsten Blick an, legte eine Hand auf seine Schulter und sagte: „Es hat keinen Sinn mehr, gib auf."

Nicht, dass wir uns falsch verstehen, er tat dies nicht, weil ich so ein Brecher bin oder ihm Angst machte, er gab lediglich auf, weil ein Kampf gegen zwei Personen in einem belebten Erdgeschoss einer Hochschule Aufmerksamkeit erregen würde. Selbst wenn er den Kampf gewinnen würde, er käme vermutlich doch nicht davon. Er erkannte diese Wahrheit und ergab sich, während ein Dozent aus seinem Büro lief und fragte, was sich hier zutrage. Wir erklärten ihm unseren Verdacht und er verständigte die Polizei. Den Täter noch immer fest im Griff, fragte der Dozent, aus welchem Fachbereich wir denn seien. Unisono sagten wir „Polizei- und Sicherheitsmanagement" und der Täter schaute ganz traurig drein. Ausgerechnet von zwei Polizeibeamten in deren Studienzeit festgenommen zu werden, war nicht sein Plan.

Während wir auf das Eintreffen der uniformierten Kollegen warteten, sprachen wir mit Jakob, dem „Beamerdieb". Er gab an, diese Beamer seien eine gute und sichere Einnahmequelle, auch, da er Kontakte nach Polen hatte, wo er „seine" Ware immer gut absetzen konnte. Die Kollegen des zuständigen Polizeianschnitts kamen in das Büro, wo wir mittlerweile mit Jakob warteten und wir übergaben den Tatverdächtigen und dessen Rucksack. Bei einer Durchsuchung fanden die Kollegen einen größeren Bolzenschneider und einen Beamer. Wir erfuhren später erst, dass anhand der Werkzeugspuren, die der Schneider hinterließ, Jakob gut 50 Taten nachgewiesen werden konnten, wir hatten einen Serientäter geschnappt. Die Stimmung in der Vorlesung können Sie sich sicher vorstellen, wir waren die Helden der Klasse, eine Festnahme noch in der Uni glückt nicht jedem. Ich relativiere das trotzdem ganz gern und glaube, beinahe jeder Kollege hätte an unserer Stelle gleich reagiert. Zugegeben, wer nicht gleich den Zusammenhang zwischen dem dunklen Raum und der Person hinter der Tür erkennt, lässt ihn womöglich entwischen, aber wir hatten das Glück und waren zur rechten Zeit am rechten Ort.

Im Anschluss an diesen Vorfall wurden wir vom Ausbildungsleiter zu einem Gespräch eingeladen. Wir malten uns aus, wir könnten eine Belobigung erhalten oder einen positiven Eintrag in die Personalakte, beides macht sich gut für den weiteren Werdegang. Ich will das Gespräch einmal zusammenfassen. „Habt ihr gut gemacht, aber...

Was hätte nicht alles passieren können? Ihr hättet stürzen können, der Täter hätte ein Messer dabei haben können...“

Verstehen Sie mich nicht falsch, auch ich glaube, wir mussten besonders vorsichtig sein, um nicht verletzt zu werden, aber an dieser Stelle hätte ein simples „gut gemacht“ wirklich besser getan.

Von der Hochschule, der wir den akuten Verlust eines weiteren Beamer ersparten und rund 50 vergangene Fälle aufklären konnten, hörten wir zu diesem Thema übrigens nie etwas, nicht einmal ein leises „Danke“.

Dieser Beruf kann hart sein, Anerkennung bleibt oft aus und doch, wir fühlten uns wie Helden und dieses Gefühl gibt mir persönlich kein Job am Schreibtisch. Mangelnde externe Anerkennung habe ich stets durch eigene, innere Zufriedenheit kompensiert. Entweder erlangt man durch

Kollegen oder Vorgesetzte ein gutes Gefühl oder auch nur durch sein eigenes Wertverständnis. Mark und ich hatten einen Straftäter dingfest gemacht und wir waren glücklich darüber.

Fall 9: Hilferufe aus der Wohnung

Warum bin ich Polizeibeamter geworden? Diese Frage stelle ich mir tatsächlich manchmal, nicht aus Selbstzweifel, sondern meist nur als Bestätigung, wie richtig diese Wahl war. Natürlich gibt es offensichtliche Gründe, es sei ein „sicherer" Beruf - gemeint ist hiermit lediglich, dass es diese Tätigkeit wohl immer geben wird - der, je nach Ansicht nicht zu schlecht bezahlt wird. Die Verbeamtung ist ein weiterer Vorteil, ebenso die dutzenden Möglichkeiten der Selbstverwirklichung.

Für mich stand aber eines immer klar im Vordergrund, der Dienst am Menschen. Sicherlich gab und gibt es viele Auseinandersetzungen, die mir nicht positiv in Erinnerung bleiben, doch mein Ziel war es stets, für alle Menschen da zu sein, zu helfen und ein Ansprechpartner für alle Fälle zu sein. Das tatsächliche Retten von Menschen ist hierzu die Steigerung, die zwar selten, aber dann zumeist intensiv ist.

Streifenfahrt in Kreuzberg, über Funk folgende Meldung: „Hilferufe, männlich, aus Wohnung". Meine Kollegin und ich fuhren mit Eile zum Einsatzort und bereits auf dem Weg fiel mir ein vergangener Einsatz zu demselben Anlass ein.

Es war eine Nachtschicht und wir wurden ebenfalls zu Hilferufen alarmiert. Eine Zeugin öffnete die Haustür eines Mietshauses und ließ uns in ihre Wohnung. Sie gab an, sie habe im Bett liegend vermehrt Hilferufe aus einer gegenüberliegenden Wohnung gehört. Im Schlafzimmer an ihrem Fenster stehend, vernahm auch ich mehrere Rufe: „Hilfe! Hilfe!", wobei das zweite „Hilfe" deutlich in die Länge gezogen war. Ich dankte der Zeugin für ihre Schilderungen und rannte zur Wohnung, aus der die Schreie kamen.

Mein Kollege und ich klopften, klingelten und schlugen schließlich mit dem Schlagstock gegen die verschlossene Tür. Die Hilferufe verstummten plötzlich. War die Person am Sterben? Uns blieb keine andere Wahl, die Tür musste geöffnet werden und es gab keine Zeit, auf die Feuerwehr zu warten. Mein Kollege nahm Anlauf und trat die Tür ein, zumindest versuchte er es. Nach drei weiteren Tritten fiel schließlich eine Füllung der Tür heraus und wir konnten die Wohnung betreten. Wir zogen unsere Waffen und riefen erneut „Polizei!", doch wir bekamen keine Antwort. Im Schlafzimmer fanden wir schließlich die männliche Person, die zuvor um Hilfe schrie. Sturzbetrunken und unversehrt sah uns der Trunkenbold an und fragte: „Was...was machen Sie hier? Und was ist mit meiner Tür los?" Mein Kollege sah ihn an und erklärte ihm, er werde eine neue Tür brauchen, da diese nun kaputt ist. Ihm wurde ferner erklärt, dass er um Hilfe gerufen hatte, doch es hatte dafür keinen Grund gegeben. Wir verließen die Wohnung und der Nachbar kümmerte sich mitten in der Nacht um seinen betrunkenen Bekannten.

Solche alten Fälle fallen mir zwar immer ein, wenn der gleiche Einsatzanlass erfolgt, sie sollten aber nie als Richtlinie genommen werden, da jeder Einsatz neu bewertet werden muss.

Wir erreichten den Einsatzort und mehrere Mieter warteten im Hausflur. Sie gaben an, dass aus der Wohnung von Stefan Hilferufe kämen. Tatsächlich brauchte ich mein Ohr nicht an die Tür zu legen, um die Schreie wahrnehmen zu können. Ich schrie, man solle uns die Tür öffnen, doch aus dem Inneren der Wohnung kamen nur weitere Rufe nach Hilfe. Ich trat die Tür auf und mit gezogener Waffe betrat ich die Wohnung. Im Wohnzimmer erkannte ich Stefan, der in Frauenkleidern steckte und mit mehreren Seilen und Knebeln gefesselt war. Stefans Hände und Füße waren miteinander verbunden und das Seil ging an einen Haken, der in der Decke steckte. So lag Stefan auf seinem Rücken da, vollkommen unfähig, sich zu bewegen. Ich fragte ihn, wer noch in der Wohnung sei. Er wäre allein, niemand sei dort.

Wir durchsuchten jeden Raum und auf der nahegelegenen ausgezogenen Schlafcouch erkannte ich eine zugedeckte Person mit schwarzen Haaren. Ich wusste, was geschehen war, beziehungsweise dachte ich, es zu wissen. Ein Überfall, vielleicht ein Mord an der Frau auf der Couch, Stefan gefesselt zurückgelassen und dann die Flucht aus der Wohnung. Ich zog die Decke beiseite und sah, dass es lediglich eine Perücke war, die optische Täuschung war perfekt. Dort lag keine Frau, die Perücke gehörte ursprünglich zu Stefans Outfit. Während ich ihn befreite, fragte ich, was passiert sei. Unverblümt und wörtlich sagte Stefan, der eigentlich Steffi ist: „Mein Freund wollte vorbeikommen und mich durchnehmen, da wollte ich mich entsprechend vorbereiten, habe mich festgebunden und er kam nicht. Jetzt rufe ich seit Stunden um Hilfe, weil ich mich allein nicht befreien konnte. Ich habe schon Krämpfe bekommen."

Ich hatte von solchen „autoerotischen Unfällen" bereits gehört, nun hatte ich zum ersten Mal selbst mit einem zu tun. Die angerückte Feuerwehr konnte unverrichteter Dinge fortsetzen, die Schwellungen an Steffis Händen bedurften keiner Behandlung. Erst jetzt legte sich die Aufregung und wir sahen uns in der Wohnung um. Überall lagen Dildos, Gleitgels in verschiedenen Farben und Geschmacksrichtungen und weitere Fesselutensilien. Sehr dankbar bin ich einer meiner Kolleginnen, die mich auf einen Gegenstand hinwies, den ich gern nie gesehen hätte. Ohne zu sehr ins Detail zu gehen, es handelt sich um einen Gegenstand, der auf dem Boden stehend, rektal eingeführt wird. Diesem speziellen Gegenstand sah man an, dass er kurz zuvor benutzt worden war, er wies Rückstände auf.

Steffi bedankte sich mehrfach für die Rettung und entschuldigte sich für den Anblick. Ich vergewisserte ihr, dass sie sich für nichts zu schämen brauche. Es ist ihre Wohnung, wenn es nach uns gegangen wäre, hätten wir diese nie betreten. Richtig und wichtig war es in diesem Fall dennoch.

Fall 10: Ein Knall im Garten

Eine Leiche in der Öffentlichkeit ist immer ein Einsatzanlass, bei dem Eile geboten ist. Nicht, weil wir noch helfen könnten, aber zumindest, um weitere Menschen vor dem Anblick zu bewahren. Außerdem handelt es sich stets um einen Tatort, ob nun von einem Suizid, einem Mord oder einer Schlägerei mit Todesfolge. So fuhr ich auch zu diesem Einsatz mit Eile, Martinshorn und Blaulicht eingeschaltet, zum Krankenhaus, genauer gesagt, zu dem kleinen Garten im Hinterhof. Beim Eintreffen erwarteten bereits Ärzte und Pfleger, die meinen Kollegen und mir den Ort zeigten, an welchem Christian lag. Er befand sich unmittelbar vor einigen Büschen, relativ abgeschottet vom Krankenhaus und fremden Blicken.

Christian war ca. 70 Jahre alt, er war Patient im Krankenhaus und hatte, als er aufgefunden wurde, ein Loch im Schädel. Neben ihm auf dem Boden lag ein silberner Revolver, der roch, als wurde er erst kürzlich abgefeuert. Obwohl auf den ersten Blick alles auf eine Selbsttötung hinwies, sicherten wir den kompletten Bereich und versuchten, keine Spuren zu vernichten. Wie üblich, wird bei solchen Einsätzen auch stets die Kriminalpolizei alarmiert, die die Bearbeitung von unnatürlichen Todesfällen übernimmt.

Während wir auf die Kollegen warteten, erschien ein junger Mann an der Absperrung. Meist fragen solche Passanten unsinnige Fragen á la: „Kann ich jetzt hier nicht durch?", doch dieses Mal kam es anders. Ich fragte, ob ich ihm helfen könne und der Mann sagte, er habe sich wohl doch nicht getäuscht. Ich verstand nicht, was er meinte, also fragte ich nach. Er gab an, er habe vor rund 30 Minuten einen lauten Knall vernommen und sei sich nicht sicher gewesen, ob es ein Schuss aus einer Faustfeuerwaffe gewesen sein könnte. Jetzt, wo er die Tatortsicherung sah, war er sicher, es müsse sich um eine Schussabgabe gehandelt haben. Ich lud den Zeugen ein, hinter die Absperrung zu kommen, schließlich konnte er zur Sachverhaltsklärung beitragen. In solchen Fällen ist neben dem genauen Zeitpunkt des Schusses auch entscheidend, ob es andere Wahrnehmungen gibt.

Hätte der Zeuge zum Beispiel ein lautes Streitgespräch mitgehört, bevor es zum Knall kam, wäre das ein möglicher Hinweis auf ein Tötungsdelikt. Auch ein Hinweis auf einen Hilferuf oder Ähnliches wäre aufschlussreich. Die Informationen, die der Zeuge beitragen konnte, waren ähnlich gut, da er angab, er habe nichts gehört, bevor es zum Schuss kam.

Einer der Ärzte kam aus dem Zimmer von Christian und hatte einen Brief auf dessen Nachttisch gefunden. Es handelte sich um einen Abschiedsbrief. Mit gefassten Worten erklärte Christian seinem Sohn Thomas, dass ihm das Leben nichts mehr wert sei. Der Lungenkrebs, an dem Christian litt, würde zu seinem mittelbaren Tod führen und so wolle er sein Dasein nicht fristen. Daher, so stand es in dem Brief, entschloss er sich, sich selbst zu richten. Es folgten Angaben, wie sein Sohn an das in der Wohnung liegende Bargeld komme, PIN-Nummern für EC-Karten und so weiter. Was vor uns lag, war ein sogenannter „bilanzierter Suizid". Natürlich stellt auch dieser eine psychische Ausnahmesituation dar, doch hat sich die scheidende Person oftmals viele, teils nachvollziehbare Gedanken gemacht. So betrachtet ergab sogar der Ort des Suizids einen Sinn, Christian hatte sich vermutlich absichtlich hinter den Büschen das Leben genommen, um möglichst wenige Menschen mit seinem Ableben zu konfrontieren.

Ich persönlich finde das einen sehr wichtigen Punkt. Menschen, die aus dem Leben scheiden möchten, bedenken manches Mal nicht, dass andere durch ihr Handeln beeinträchtigt werden können. Ein Lokführer der Bahn, der mit seinem ICE einen Menschen überfährt, ein Passant, der einen Springer aus nächster Nähe sieht, eine Zeugin, die sieht, wie sich jemand selbst anzündet. All diese und viele mehr werden von Suiziden anderer teilweise lebenslang traumatisiert. Christian wollte all das vermeiden und für mein Dafürhalten gelang es ihm. Es erfolgte ein gezielter Schuss in den Kopf und alles war vorüber. Für mich persönlich hat dieser Brief die Verarbeitung des Ganzen irgendwie leichter gemacht, da ich das Gefühl hatte, hier wusste einer, was er für sein (Ab)Leben wollte.

Als die Kripo eintraf, mussten noch Fotoaufnahmen angefertigt werden. Er jetzt wurde das Ausmaß ersichtlich, dass ein Geschoss aus nächster Nähe anrichten kann. Christian wies zwei nahezu faustgroße Wunden auf, eine am Eintrittsort und eine am Hinterkopf, wo das Geschoss seinen Schädel verließ. Um den Kopf herum lag eine erhebliche Menge Blut sowie ausgetretene Hirnmasse. Dass ich mit dem Anblick von solchen Dingen weniger Probleme habe, sagte ich ja bereits. Was ich hingegen unangenehm fand, war die Tatsache, dass ca. 15 Wespen sich mittlerweile auf dem Blut und der Hirnmasse verteilten und immer wieder darauf landeten. Ich wusste nicht, wie scharf Wespen auf solche Körperflüssigkeiten sind und ich will mir nicht vorstellen, wie dieselben Wespen auf meinem nächsten Stück Kuchen Platz nehmen.

Im Zuge der weiteren Ermittlungen erfuhr die Kripo, dass Christian legal im Besitz des Revolvers war. Er musste ihn wohl schon bei seinem Antrittsbesuch im Krankenhaus dabeigehabt haben.

Nachdem die Fotoaufnahmen erledigt waren, erklärte die Kripo den Fall für abschließend ermittelt. Ich wartete noch auf den Bestatter, der Christian mitnahm. Anschließend wurde der Tatort freigegeben und der Einsatz beendet. Die Mitteilung des Todes an die Angehörigen wurde in diesem Fall nicht durch mich vorgenommen, da es hierbei, wie bei fast allem in einer Behörde, um Zuständigkeiten geht und unser Polizeiabschnitt für den Wohnort der Familie nicht zuständig war. Ich persönlich fände es besser, wenn die Kollegen, die den Einsatz miterlebt haben, auch davon berichten. So war nun eine andere Funkwagenstreife in der Pflicht, dem Sohn mitzuteilen, was geschehen war. Und das kann einer der unangenehmsten Einsätze überhaupt sein, wie ich vor einiger Zeit selbst erfahren musste.

Meine Kollegin und ich erhielten den Auftrag, zur Wache zu fahren, um in einen speziellen Einsatz eingewiesen zu werden. Oft war dieses eine codierte Funksprache für „Holt uns bitte etwas zu Essen", doch dieses Mal erwartete uns keine Liste mit der Anzahl an zu bestellenden Curry-Würsten, sondern ein Bericht über eine

Selbsttötung, die sich am frühen Morgen ereignet hatte. Vladimir hatte sich im Büro der Architekturfirma, für die er arbeitete, eingeschlossen und sich erhängt. Er wurde durch seinen Chef tot aufgefunden. Das waren tatsächlich alle Informationen, die mir zur Verfügung standen. Da er und seine Familie im Bereich unseres Abschnittes wohnte, wurden meine Kollegin und ich mit dem Überbringen der Todesnachricht beauftragt. Ich will ehrlich sein, ich hoffte irgendwie, dass die Tür auf Klingeln und Klopfen nicht geöffnet wird oder dass, wenn schon jemand daheim ist, alle doch schon Bescheid wissen. Anderen Leid zuzufügen - und sei es nur durch das Überbringen einer Nachricht - gehört nicht zu meinen Lieblingstätigkeiten.

Ich erreichte die Wohnung von Vladimir und wusste immerhin, dass seine Frau und seine beiden Kinder dort gemeldet waren. Als ich klingelte, öffnete eine junge Frau die Tür. Sie war vielleicht 30 Jahre alt und hatte Tränen im Gesicht. Ich fragte, ob sie Vladimirs Ehefrau sei und ließ mir ihren Ausweis zeigen. Das mag zunächst etwas unpersönlich klingen, aber niemals würde ich der falschen Person Informationen über einen Verstorbenen geben wollen. Ich bat darum, dass wir gemeinsam in die Wohnung gehen und nahm an, sie wisse bereits vom Ableben ihres Mannes, da sie weinte. Das Wohnzimmer war sehr geräumig, aufgeräumt und die beiden Kinder spielten auf einem dieser „Spielteppiche", die ich selbst aus Kindheitstagen kannte. Ich sagte der Frau, dass wir da sind, um ihr von ihrem Mann zu berichten und sie fragte ganz ungeduldig: „Was ist mit ihm?! Geht es ihm gut?"

Sie wusste also doch nicht, was geschehen war und ich konnte es ihr auch nicht gleich sagen, denn plötzlich klopfte es an der Tür. Es war der Bruder des Verstorbenen, der eine Etage über ihm wohnte. Nachdem auch er sich hingesetzt hatte, holte ich erneut Luft und begann zu sprechen. Noch bevor ich die Nachricht überbringen konnte, schloss jemand die Wohnungstür auf. Es war die Mutter von Vladimir, sie wohnte nebenan und hatte mitbekommen, dass es einen gewissen Aufruhr gab. Mutter, Bruder, Ehefrau und Kinder des Toten waren nun im Wohnzimmer und warteten gespannt, welche Nachricht die Polizei mitgebracht hatte. Ich sagte allen, dass es mir sehr leidtue, Vladimir hatte sich das Leben genommen. Er wurde tot in seiner Firma aufgefunden. Die Mutter und die Ehefrau begannen schrecklich zu weinen, der Bruder war zwar gefasst, doch schien unfassbar wütend. Mittendrin in all diesen Emotionen saßen wir, die Mütze in der Hand haltend und den Blick teilweise gesenkt. Es gibt so viele angenehmere Aufgaben als Polizeibeamter, als diese Momente absoluter Trauer mit durchzustehen. Die Schwester kam in die Wohnung, auch sie hatte gehört, dass etwas passiert war. Vladimirs Ehefrau teilte ihr mit, was vorgefallen war und auch sie begann nun heftig zu weinen. In all dieser Trauer hinterließen wir die Telefonnummer des Sachbearbeiters des Falles, an ihn könnte sich die Familie wenden. Mit einem Kloß im Hals verließen wir die Wohnung und waren emotional geschafft. Auch wenn dieser Schmerz nicht der unsere war, man müsste schon sehr herzlos sein, um nicht mitzufühlen. Doch auch nach einem solchen Einsatz setzt man sich in den Streifenwagen und meldet sich bereit für neue Einsätze, ob man es nun ist oder nicht.

Fall 11: Hoch hinaus

Die Weihnachtstage sind aus polizeilicher Sicht immer etwas Besonderes. Einerseits ist es an Feiertagen generell eher ruhiger, doch wenn die gesamte Familie zusammenkommt, kann es schnell zu Reibereien kommen. Aus diesem Grund sind Fälle der häuslichen Gewalt an Weihnachten überproportional unter den Einsatzanlässen vertreten. Auch die bereits mehrfach angesprochenen Suizide häufen sich zur kalten Jahreszeit und im Besonderen, wenn das eigentliche „Fest der Liebe" ansteht.

Es war der 1. Weihnachtstag, Streifenfahrt am frühen Morgen und ich hörte den Einsatz „Verdacht Einbruch gegenwärtig". Als meine Kollegen und ich in einem alten Gewerbehof, der sich in Rennovation befand, ankamen, gab der Anrufer an, er habe einen Mann gesehen, der das dortige Baugerüst erklommen hätte und nun aus seinem Sichtfeld verschwunden sei. Mir fiel sofort die am Boden zurückgelassene Jacke auf, was mich zu dem Schluss kommen ließ, dass es sich wohl eher nicht um einen Einbruch handele. Ich bahnte mir einen Weg durch den Bauschutt und beging eine Baugerüst-Treppe, die bis zum Dachgeschoss führte. Zur Eigensicherung sagte ich meinem Kollegen, er solle regelmäßig nach oben schauen, schließlich könnten wir mit Gegenständen beworfen werden oder jemand könnte sich absichtlich auf uns fallen lassen. Bereits ab dem zweiten Stock erkannte ich den glatzköpfigen Nick, der sich in Bauchlage im siebten Stock, auf dem Dach, auf eine Planke gelegt hatte.

Als wir oben ankamen, mussten wir über diverse am Boden liegende Dachziegel steigen, es war kaum Platz auf dem schmalen Weg. Wir erreichten die Zwischenebene unter Nick und ich sprach ihn an. Auf meine Frage, was er denn hier tue, gab er an, er habe klettern wollen. „Es erinnert mich an Super Mario hier. Ich muss klettern üben. Jeder muss gut klettern können." Ich brauchte nicht lange, um zu dem Schluss zu gelangen, Nick sei psychisch krank. Ich teilte ihm mit, es sei zu gefährlich und wir sollten das Dach verlassen. Wäre er nun gesprungen, ich hätte ihn nicht davon abhalten können.

In meinem Kopf entstanden Parallelen zu dem Einsatz mit Emre, auch hier war es wieder ein Baugerüst. Wir reichten Nick je eine Hand und er verließ die oberste Ebene. Nun packten wir beide ihn an seinen Armen, um ihn unter Kontrolle zu halten. Dieser Moment war schon kritisch, da wir ihn lediglich festhielten. Natürlich hätten wir im Handfesseln anlegen können, aber auch das hätte einen Transport nach unten nicht sicherer gemacht. Bereits jetzt die Feuerwehr anzufordern, schien auch verfrüht, vielleicht würde Nick ja komplett freiwillig mitkommen. Als ich ihm erklärte, dass wir nun nach unten gehen würden, erwiderte er: „Ich möchte hierbleiben. Ich möchte die Aussicht genießen, es ist doch Weihnachten."

Dass es dabei nicht bleiben konnte, war klar, wir alle mussten das Gerüst verlassen. Da der Weg zu schmal war, ging ich allein eine Ebene tiefer, Nick folgte mir und ich hielt ihn wieder am Arm. Plötzlich riss er sich los und packte mich mit beiden Händen an meiner Schutzweste. Er drückte mich mit aller Kraft in Richtung des Geländers, in Richtung Abgrund.

Wie mir die Kriminalpolizei später mitteilen konnte, wäre ich rund 22 Meter in die Tiefe gestürzt und wäre vermutlich auf den Betonsäcken unsanft gelandet. Doch es kam glücklicherweise anders, denn ich konnte mich reflexartig an einer Längsstange des Gerüstes abstützen, zudem war der Bereich durch ein Netz notgesichert. Nachdem ich sicheren Stand hatte, reagierte ich umgehend auf den Angriff. Ich schlug mit meiner flachen Hand in Nicks Gesicht und merkte, dass er mich ebenfalls schlug. Ich packte ihn an seiner linken Schulter und wir fielen vorwärts auf den Boden. Es war wie in einem Film, wo es zu einer zünftigen Kneipenschlägerei kommt, nur fehlte der humorvolle Part. Ich hatte Todesangst, denn ich wusste, es ging weit hinab. Nach mehreren Schlägen von Nick und von mir kam Unterstützung von oben. Mein Kollege war mittlerweile zur Hilfe geeilt und konnte Nick an seinem rechten Handgelenk festhalten. Nach einigen Sekunden bekamen wir ihn endlich unter Kontrolle und konnten uns teilweise auf ihn knien. Wir legten ihm die Handfesseln an und hörten, wie weitere Unterstützungskräfte die nasse und rutschige

Treppe hoch eilten. Wir beruhigten sie und gaben an, wir hätten ihn im Griff, das Letzte, was wir nun gebraucht hätten, wäre ein Kollege, der beim Helfen selbst abrutscht und in die Tiefe stürzt.

Ich habe schon einige brenzlige Situationen erlebt, es wurde bestimmt schon manches Mal gefährlich, aber ich will ehrlich sein. In dem Moment, wo er mich mit beiden Händen packte und in Richtung des Gerüstes drückte, hatte ich Angst um mein Leben. Es war nicht so, dass ich nicht wusste, was ich tun soll, aber ich war mir der Gefahr bewusst. Wäre es nicht um die schnelle Reaktion meines Kollegen und mir, wäre ich womöglich an Weihnachten bei einem vermeintlich banalen Einsatz umgekommen. Man muss immer wachsam sein.

Eines stand fest, wir konnten Nick nun nicht mehr über das unsichere Treppengeländer nach unten führen. Da knieten wir nun, im sechsten Stock auf einem Baugerüst, unmittelbar unter dem Dach und keine wirkliche Möglichkeit des Abtransportes. Wir riefen die Feuerwehr, doch mir war klar, eine Drehleiter konnte nicht an den zweiten Hinterhof herangeführt werden, er lag zu weit von der Straße entfernt und der Hof selbst konnte aufgrund der Baumaterialien nicht befahren werden. Nick fragte mittlerweile, was geschehe und ich sagte ihm zunächst, was zuvor geschehen war. „Du wolltest mich vom Dach werfen!"

Er gab an, dieses sei niemals in seinem Sinn gewesen, er würde so etwas nie tun. Es war, als spreche eine zweite Persönlichkeit aus ihm. Wenige Augenblicke später sah er mich an und sagte: „Du hast Recht, ich wollte dich runterwerfen. Ich habe alles verbockt, ich habe alles zerstört. Ich habe dich zerstört."

Die eintreffende Feuerwehr staunte nicht schlecht, fünf Polizeibeamte und ein psychisch kranker Täter auf einem Baugerüst und keine offensichtliche Möglichkeit wieder herunter zu gelangen. Der Einsatzleiter erreichte uns und Nick begann, die Situation zu erklären, jedenfalls auf seine Art: „Es ist alles gut, wir drehen hier einen Film, einen Actionfilm und jetzt ist gerade die Szene mit der Festnahme. Ich spiele die Hauptrolle und werde fiktiv festgenommen."

Nach einigem Überlegen gab der Einsatzleiter der Feuerwehr an, wie es weitergehen könnte. Er schlug vor, die Eingangstür des Hauses gewaltsam zu öffnen und bis zum Dachstock vorzudringen. Dort wolle er von innen das Dachfenster öffnen und Nick darüber abtransportieren. So kam es dann schließlich, während wir warteten, öffnete die Feuerwehr die Tür und musste im Treppenhaus des in Sanierung befindlichen Hauses zwischen dem sechsten Stock und dem Dachgeschoss eine Pressspanplatte und Glaswolle kreisförmig aufschneiden, damit ein Zugang möglich war. Dass sich das untere Dachfenster, über das wir Nick nun in den Dachstock heben wollten, nicht öffnen ließ, sorgte für einen kurzen Moment des Frustes. Wir hatten mittlerweile gut 80 Minuten auf dem Gerüst verbracht und wechselten uns immer wieder mit dem Sichern des Festgenommenen ab. Das obere Dachfenster ging schließlich auf und wir hoben Nick in den Dachstock.

Über das Treppenhaus konnten wir ihn ganz einfach bis nach unten führen, wo er in einen Rettungswagen gesetzt wurde. Auf dem Weg nach unten fragte er immer wieder, ob all der Aufwand nötig sei und er gab an, er wolle nur nach Hause. Er musste einem Arzt vorgestellt werden und wir hatten einiges an Schreibarbeit zu erledigen. Die Bilanz des Einsatzes: Eine geöffnete Haustür, eine zersägte Pressspanplatte samt Glaswolle und mehrere beschädigte Dachziegel. Es schien mir nicht der einzige Dachschaden gewesen zu sein.

Fall 12: Ärztlicher Kunstfehler

Ich wurde oft zu Einsätzen gerufen, in denen die Polizei nicht zuständig ist. Beispielhaft wollte ein Vermieter anzeigen, dass eine Mieterin am Tag ihres Auszuges den hausinternen Fahrstuhl nutzte, obwohl sie sich über den Zeitraum ihrer Mietzahlungen nicht am Fahrstuhl beteiligte (ja, so etwas gibt es augenscheinlich wirklich). Oder ein Käufer hatte Probleme mit einem Stuhlbein eines neuen Stuhls und wollte den Verkäufer wegen Betrugs anzeigen, obwohl dieser den Fehler beheben wollte. Ein Besitzer eines Döner-Imbiss beschwerte sich bei der Polizei, dass ein Hund vor seinem Geschäft sein eigenes verrichtete. Wir wurden zu einer umgefallenen Dixi-Toilette gerufen und richteten sie auf. All diese Fälle passieren und sollen aufzeigen, dass manches Mal Notrufe abgesetzt werden, die keine sind, polizeiliche Ermittlungen angestrebt werden, die nicht nötig sind. Im folgenden Fall war es ausgesprochen wichtig, dass jemand der Sache auf den Grund ging.

Vorab möchte ich sagen, dass dieser Eintrag mir persönlich sehr nahe ging. Ich bitte um Verständnis, wenn die Erzählweise nicht neutral bleibt, ich habe das alles erlebt, es hat mich geprägt. Dennoch verurteile ich niemanden, dessen Schuld nicht bewiesen ist.

Ich sollte ins Krankenhaus fahren, es ging um eine versuchte Tötung. Wie Sie vielleicht schon bemerkt haben, fällt dieses Delikt in die Zuständigkeit der Kriminalpolizei. Ich sollte dennoch zunächst mit meinem Kollegen allein ermitteln, da der Sachverhalt unklar schien.

Im Krankenhaus erzählte mir die behandelnde Ärztin von Fatima, einer 60 Jahre alten Frau, die mit schwersten Hirnschäden auf der Intensivstation lag. Sie war zwei Tage zuvor bei mir ihrem Orthopäden gewesen, da sie an Rückenschmerzen litt. Abseits dieser Schmerzen und vielleicht einem leichten Bluthochdruck war Fatima kerngesund. Vor dem Termin hatte Fatimas Tochter Selma mit dem Anästhesisten telefoniert, um den Routineeingriff vorzubereiten. Sie teilte ihm mit, welche Medikamente ihrer Mutter regelmäßig einnimmt und ob sie Allergien besitzt. Die Narkose sollte unterstützend sein, da Fatima Angst vor dem Eingriff hatte.

Am Tag des Eingriffs legte der Anästhesist der Tochter einen DIN A5 Zettel zum Unterschreiben hin, auf dem auf die Risiken einer Narkose hingewiesen wird. Obwohl nur die Patientin, also Fatima selbst den Zettel hätte unterschreiben dürfen, tat es die Tochter, auch, da ihre Mutter schlechter deutsch verstehe. Erst im Nachgang stellte sich heraus, dass der Zettel in der Mitte gefaltet war, sodass der übliche Fragenkatalog bei der Unterschrift nicht zu sehen war. Auf diesem hatte der Anästhesist eigenmächtig sämtliche Fragen mit „nein" angekreuzt. Hierunter waren Fragen wie: „Nehmen Sie regelmäßig Medikamente ein?" oder „Haben Sie Probleme mit dem Herzen?". All diese Fragen wurden also durch den Anästhesisten ausgefüllt und teilweise definitiv wider besseres Wissen.

Ich kann mir vorstellen, dass dieses mehrfach täglich in Deutschland vorkommt und solange nichts passiert, mag das unbemerkt bleiben, doch in diesem Fall war ich schockiert, als ich die Kopie dieses Dokumentes sah. Fatima erhielt nun die Narkose, der Orthopäde verabreichte ihr schließlich die vereinbarte Schmerzspritze und verließ dann das Behandlungszimmer. Die Patientin lag nun allein da, lediglich der Anästhesist war bei ihr.

Die Tochter Selma war im Nebenraum und hörte plötzlich ein Poltern aus dem Behandlungszimmer, als sei medizinisches Werkzeug zu Boden gefallen. Sie entschloss sich, durch das Schlüsselloch zu schauen und erkannte, dass der Anästhesist in Panik war. Er hielt einen Taschenspiegel vor den Mund ihrer Mutter, um zu testen, ob sie atmete. Der Spiegel beschlug nicht. Fatima hatte einen Atemstillstand erlitten und lag leblos da.

Der Orthopäde eilte in das Zimmer und mit einem weiteren Assistenten begannen die drei Männer mit der Wiederbelebung. Es gelang ihnen nach wenigen Minuten, eine Atmung der noch immer betäubten Frau herzustellen. Der Orthopäde, der den Ernst der Lage wohl nicht verstanden hatte, verließ den Behandlungsraum und widmete sich seinen wartenden Patienten. Anhand eines später zur Akte genommenen Protokolls konnte ermittelt werden, dass der Anästhesist nun erneut das Anästhetikum spritzte. Ich bin kein Arzt und habe keine weitreichenden medizinischen Fähigkeiten, aber ein Betäubungsmittel zu verabreichen, wenn jemand zwischendurch nicht atmete, hielt ich für fragwürdig.

Was glauben Sie, wie lange warten Sie im Durchschnitt in Berlin auf einen alarmierten Rettungswagen/Notarzt? Tatsächlich sind es 6-8 Minuten. Fatimas Rettungswagen erreichte sie erst nach rund 35 Minuten. Was war passiert, stand der Wagen im Stau?

Nein, auch dieser Rettungswagen brauchte nur 8 Minuten, um den Einsatzort zu erreichen, da er erst 27 (!) Minuten nach dem Atemstillstand der Frau durch eine Arzthelferin angefordert wurde. Bei der Übergabe der Patientin vergaß der Anästhesist sowohl die zweite Narkosespritze als auch die Reanimation zu erwähnen. Durch den Notarzt wurde Fatima nun in das Krankenhaus gebracht, wo die schweren Hirnschäden festgestellt wurden. Diese waren entstanden, als Fatimas Gehirn nicht ausreichend mit Sauerstoff versorgt wurde, zudem waren diese Schäden irreparabel.

Ich fragte die Ärztin im Krankenhaus, wie es der Frau gehe. Die Antwort war ernüchternd. Es lag eine 90% Wahrscheinlichkeit vor, dass Fatima versterben würde. In meinen Gedanken verließ ich für einen Moment die aktuelle Realität und erinnerte mich an das letzte Mal, als ich von einem Arzt eine Prozentzahl zur Überlebenschance hörte.

Solange ich mich zurückerinnern kann, hatte mein Vater Alkohol getrunken. Nie exzessiv, nie harten Alkohol, aber Bier, Wein und Sekt prägten mein Bild vom „Erwachsensein" seit jeher

Es gab keinen Tag, an dem ich meinen Vater nicht trinken sah und doch machte ich mir für eine lange Zeit keine Sorgen. Als ich schließlich alt genug war, stellte ich ihn zur Rede. Ich sagte ihm, er trinke zu regelmäßig, ich hätte Angst, dass es so zu Schädigungen kommen könnte.

Es war keine leichte Aufgabe, meinem Vater ins Gesicht zu sagen, dass ich ihn für einen Alkoholiker halte. Seine Antwort war klar, ihm fehle es an nichts, er sei gesund und er sei definitiv nicht abhängig. Ich fühlte mich hilflos, fast wie ein Kind, obwohl ich 25 Jahre alt war. Keine drei Jahre später sollte ich meinen Vater ins Krankenhaus bringen, es ging um Wassereinlagerungen in den Beinen. Er war so schwach auf den Beinen, dass ich einen Krankenwagen rufen musste. Mit diesem wurde er ins Krankenhaus gebracht und kam direkt auf die Intensivstation. Nach einer gefühlten Ewigkeit konnten meine Mutter und ich mit dem Arzt sprechen. Auf die Frage, wie es meinem Vater gehe, sagte der Arzt, er wolle ehrlich mit uns sein, da nichts Anderes sinnvoll und moralisch vertretbar wäre. Und dann sagte er die Zahl, die ich nie hören wollte: „Ihr Vater hat eine ca. 20% Überlebenschance."

Das Leben ist endlich, ich weiß das, aber wenn jemand es so plötzlich und so direkt in eine Zahl presst, ist es unfassbar. Ich war wütend, nicht auf den Arzt, sondern auf meinen Vater, weil er selbst für diese Zahl verantwortlich war. Zwei Tage später war er tot.

Ich war wieder im Arztzimmer im Krankenhaus, bei meinem aktuellen Fall. In diesem war die Prozentzahl halb so groß, wie bei meinem Vater. Ich wusste genau, wie die Angehörigen fühlen mussten. Nur konnten sie ihre Wut nicht auf Fatima projizieren, wie ich die meine auf meinen Vater. Sie hatte nichts falsch gemacht. Sie hatte Rückenschmerzen und hat sich einem Routineeingriff unterzogen.

Ich sprach mit den Angehörigen und ließ mir den Fall aus ihrer Sicht schildern. Verständlicherweise wollten sie Antworten und wollten, dass Verantwortung übernommen wird. Ich tat alles, was in meiner Macht stand und ich informierte zunächst die Kriminalpolizei. Ein Tötungsdelikt lag zwar noch nicht vor, aber die Ermittlungen mussten dahingehend geführt werden. Ich kontaktierte die Staatsanwaltschaft, um Fatimas Patientenakte beim Orthopäden beschlagnahmen zu können. Der Staatsanwalt sah jedoch keine

Verdunklungsgefahr und gab an, die Akten könnten auch Wochen später noch angefordert werden.

Im Zuge meiner Ermittlungen konnte ich mit dem Orthopäden sprechen und ihm den Tatvorwurf eröffnen. Ich fragte ihn nach den Daten seines Anästhesisten, schließlich war auch er tatverdächtig. Die Antwort erstaunte mich, denn der Orthopäde gab an, er kenne lediglich Vor- und Zunamen seines Kollegen. Er arbeite nur unregelmäßig mit ihm zusammen und er würde dann extra in die Praxis bestellt. Ich dachte, ich höre nicht richtig. Verdunklungsgefahr par excellence.

Auch hier habe ich nicht das Fachwissen aus der Medizin, aber wenn Ärzte (mehrfach) zusammenarbeiten, müssen doch weitere Daten vorhanden sein. Telefonnummer, Anschrift, Bankverbindung, doch da war nichts. Ich blätterte erneut durch die Dokumente, die mir Fatimas Tochter überlassen hatte und fand auf einem Schmierzettel des Anästhesisten seine Telefonnummer. Als ich diesen anrief, sprach er lediglich von einem Routineeingriff und davon, dass er und sein Kollege nichts falsch gemacht hätten. Dieses kann der Wahrheit entsprechen, Ermittlungen wegen einer fahrlässigen Tötung wurden dennoch geführt.

Polizeibeamter zu sein ist mehr, als eine blaue Uniform anzuziehen, Verkehrsunfälle aufzunehmen oder bei Fußballspielen in Schutzausrüstung gewaltbereite Fans zu begleiten. Der Beruf hat viele schöne Seiten, doch in vielen Einsätzen zeigt sich, dass er auch unschöne hat. Ich habe es an keinem Tag bereut, mich für die Polizei entschieden zu haben. Es ist weit mehr, als eine Berufswahl, es ist eine Lebenseinstellung. Die meisten Kollegen, die ich kenne, sind mit ganzem Herzen Polizisten. Sie sind es vor Dienstbeginn, während der 12-Stunden-Schicht und auch danach.

Danke für euren Einsatz.